柴 宜弘
Nobuhiro Shiba

ユーゴスラヴィア現代史 新版

岩波新書
1893

はじめに

ユーゴスラヴィアとは、そもそも「南スラヴ」を意味する言葉だが、国家としてのユーゴスラヴィアは二度生まれ、二度死んだといわれる（以後、必要な場合を除いてユーゴと略記する）。一度は、一九一八年一二月に王国として建国され、四一年四月にナチス・ドイツをはじめとする枢軸軍の侵攻にあい、分割・占領されて消滅した。もう一度は、四五年一一月に社会主義にもとづく連邦国家として再建されたが、九一年六月にスロヴェニア、クロアチア両共和国議会が独立宣言を採択するに至り、翌九二年一月に、ＥＣを先頭として約五〇カ国がこれら二国を承認することによって解体した。三度生まれ変わることはできず、民族対立による凄惨な内戦を通じて、七三年間の歴史の幕を閉じたのである。

第二次世界大戦後のユーゴは、「七つの国境、六つの共和国、五つの民族、四つの言語、三つの宗教、二つの文字、一つの国家」という表現に端的に示される、複合的な国家であった。

日本人にとっては、チトーを大統領とし、自主管理と非同盟を二本柱とする〝独自の社会主義国〟として知られていた。このユーゴが、北からスロヴェニア、クロアチア、ボスニア・ヘルツェゴヴィナ、マケドニアの四共和国と、まだ国際的に承認されていない新ユーゴ(正式名称はユーゴスラヴィア連邦共和国、セルビア共和国とモンテネグロ共和国から構成。その後、二〇〇六年にモンテネグロが独立し、セルビアも独立国となった)の五国に分解してしまった。[二〇〇八年にコソヴォが独立を宣言し、最終的に七国に分解した。]

ここで、ユーゴ解体後の私の体験をひとつ、紹介してみたい。九四年九月、マケドニア共和国の首都スコピエから新ユーゴの首都(セルビアの首都でもある)ベオグラードまで約一〇時間、列車で行ったことがある。この時、列車は比較的すいていてコンパートメントには私だけだった。発車まぎわにひとりの女性が乗り込んできた。この女性はベオグラード大学でイタリア語と英語を教えているという。セルビア共和国に入る国境の駅でのことである。

マケドニアとセルビアとの境界が、独立した国家の国境になってしまった現実を前にして、それだけで感慨深かった。パスポート・コントロールの順番が回ってくると、この女性教員が旅券を三通取り出したのには驚かされた。マケドニア共和国、旧ユーゴそれにスロヴェニア共和国発行の旅券であった。興味を引かれてパスポートを見せてもらうと、同世代であることがわかり話が弾んだ。この人の両親はマケドニア人とクロアチア人、夫はスロヴェニア人でスロヴェニアの航空会社アドリア・エアウェーズに勤務するパイロット、スコピエに単身赴任しているという。

週末ごとに、やはりベオグラードに住む自分の妹に娘を託して、夫のいるスコピエ通いを続けているとのことだ。この人自身はベオグラードでの生活が三〇年を超したと言っていた。再度驚かされたのは、コントロールの係員が行ってしまうと、実はもうひとつパスポートをもっているのだと言って、クロアチア共和国発行の旅券を見せてくれたからである。四通の旅券を持つこの人の例は極端かも知れないが、旧ユーゴという多民族国家の解体に伴い、いくつもの国のパスポートを取得せざるを得ない人たちが数多くいることを知らされたのであった。

ところで、最終的に連邦が解体する以前、ユーゴでは、八〇年代末から九〇年代初めにかけて「連邦制の危機」が進行しており、「第三の岐路に立つユーゴ」という表現が当時のジャーナリズムを賑わせた。この表現と関連して、第一次世界大戦の結果として建国された南スラヴの統一国家を「第一のユーゴ」、第二次世界大戦の結果として再建された国家を「第二のユーゴ」とする言い方が一般化した。本書では、この使い方に沿って「第一のユーゴ」、「第二のユーゴ」を用いることにする。

「第一のユーゴ」においても、「第二のユーゴ」においても、最大の国内問題は民族対立であったといえるだろう。このユーゴが位置するバルカン地域は、民族構成の複雑なことで知られている。その地理的な位置からも、歴史的に諸民族が混在し、混血もすすんでいたところで、人為的な国境線をどのような形で引こうとも、自国内に少数民族を抱え込むことになるし、自民族が隣接する国々に少数民族として留まることになる。ユーゴはこのようなバルカン地域の縮図ともいうべき特色を持つ国家であった。

また、ユーゴは「はざまの国」といわれた。それは「冷戦」期に東西両陣営に属さず、政治・外交的に非同盟政策を採っていたからだけでなく、歴史をさかのぼってみると、この地域が古くは東ローマ帝国と西ローマ帝国との境界線に位置していたし、中世においてはビザンツ・東方正教文化圏と西方カトリック文化圏との接点でもあったからである。さらに近代に至ると、ユーゴを構成することになる南スラヴの諸地域は、ハプスブルク帝国とオスマン帝国との辺境を形成し、イスラム文化との接触も進んだ。

このような歴史的背景をもった諸地域からなる「第一のユーゴ」は、南スラヴの統一国家であったが、南スラヴとしての一体感がほとんど生まれておらず、それぞれの民族意識、言語や文字、宗教の相違が、意識のなかでも解消されないでいた。加えて、ドイツ人、ハンガリー人、アルバニア人、ルーマニア人など多くの少数民族が居住していた。まさに多民族国家であり、それぞれの歴史を背負った複合社会であった。そのため、国民統合が緊急の課題とされ、国王をシンボルとして「上から」の統合化政策が進められた。

第二次世界大戦期にナチス・ドイツの占領下で、民族対立を煽る分断統治が行われるにともない、大規模な「兄弟殺し」が展開された。しかし、もう一方で民族、宗教、信条を越えて、大きな敵に対して積極的に戦おうとする愛国的なパルチザン運動が進められ、ユーゴ人としての共通意識と一体感が築き上げられたかにみえた。

戦後、大統領ともなったチトーが指導した「第二のユーゴ」で、パルチザン体験をもとに社会主義に基づいて統合化が推進されたが、ユーゴ人意識を徹底させることはできなかった。したがって、文化の面でも、これがユーゴ的だと誇れる明確な文化を生み出すことはできなかった。ユーゴの人々はたとえユーゴ人意識をもったにせよ、同時にいつもセルビア人、クロアチア人、スロヴェニア人といったそれぞれの民族意識を持ちあわせていたのである。

このような意識の人々からなる複合的な国家は、当然ながらきわめてもろい面を持っており、きっかけさえあれば崩壊に突き進んでしまう可能性さえあった。しかしもう一面で、その複合社会は多様な民族、言語、宗教の共存のための「実験場」でもあったということができるだろう。多様な文化が並存する状況から生み出される独自の表現は、容易に国を越える広がりを持っていた。たとえば、六〇年代にユーゴを離れてしまったが、映画界の奇才と称された監督マカヴェーエフ、最近では八五年と九五年の二度にわたりカンヌ映画祭でグランプリに輝いたクストリツァ監督、スケールの大きな奇想小説で世界的な脚光をあび、『ハザール事典』などの邦訳もある作家のパヴィチ、八〇年のショパン・コンクールで異色のショパン弾きと評されたピアニストのポゴレリッチなどを輩出している。彼らに、コスモポリタン的な面を見いだすことはできないだろうか。この文化の問題については、本書で十分な検討を加えることはできなかったが、必要な限りで言及した。

ユーゴという複合国家がなくなってしまった現在、新たな独立国は政治的にも文化的にも、単一性や均質性を追い求めているように見える。しかし、歴史を振り返れば明らかなように、この地域では多様性を排して単一性を追求することこそが危険なのであり、「民族の悲劇」を生み出してしまったのである。

本書は、異質性や多様性が排除され、解体してしまった国家であるユーゴの現代史を、統合と分離の経緯を追いながら、内戦にいたる歩みを「決定論」に陥ることなく見つめ直すことを目的としている。そのため、統一国家としての「ユーゴ」が解体して存在しないにもかかわらず、あえて書名を『ユーゴスラヴィア現代史』とした。これと関連して、ユーゴを含むバルカン地域、そして民族問題をかかえる多くの地域において、今後、多様性や異質性を保障する、新たな思考や枠組みを作りだす糸口を見つけることをも目指している。

目　次

ドナウ川
ルーマニア
(ヴォイヴォディナ)
ヴコヴァル
ノヴィ・サド
ベオグラード
ブルチュコ
サヴァ川
ヴィナ
モラヴァ川
セルビア
サラエヴォ
ウジツェ
ドナウ川
ドリナ川
ニシュ
モンテネグロ
ブルガリア
ゥブロヴニク
プリシュティナ
ポドゴリツァ
コソヴォ
レヴラカ
スコピエ
アルバニア
北マケドニア
ギリシア

旧ユーゴスラヴィアの現在

ヴィア各国の現況

（2021 年 3 月末現在）

セルビア共和国	コソヴォ共和国	モンテネグロ	北マケドニア共和国
ベオグラード	プリシュティナ	ポドゴリツァ	スコピエ
693 万人（20 年推定）	187 万人（20 年推定）	62 万人（20 年推定）	208 万人（20 年推定）
7 万 7498 km^2	1 万 908 km^2	1 万 3812 km^2	2 万 5713 km^2
7,030 ドル	4,640 ドル	9,060 ドル	5,840 ドル
アレクサンダル・ヴチッチ大統領	ヴョサ・オスマニ＝サドリウ大統領	ミロ・ジュカノヴィチ大統領	ステヴォ・ペンダロフスキ大統領
アナ・ブルナビッチ	アルビン・クルティ	ズドラヴコ・クリヴォカピッチ	ゾラン・ザエフ
セルビア人 83% ハンガリー人 4% ボシュニャク 2%	アルバニア人 93% セルビア人 2% ボシュニャク 2%	モンテネグロ人 45% セルビア人 29% ボシュニャク 9% アルバニア人 7%	マケドニア人 64% アルバニア人 25% トルコ人 4% ロマ 3%
セルビア正教 84% カトリック 6% イスラム教 3%	イスラム教 95% セルビア正教 2%	セルビア正教，モンテネグロ正教 72% イスラム教 19%	マケドニア正教 70% イスラム教 29%
セルビア語	アルバニア語 セルビア語	モンテネグロ語 セルビア語	マケドニア語 アルバニア語
Република Србија	Republika e Kosovës Република Косово	Crna Gora Црна Гора	Република Северна Македонија Republika e Maqedonisë së Veriut

が，ほぼ同じ言語である．

国　名	スロヴェニア共和国	クロアチア共和国	ボスニア・ ヘルツェゴヴィナ
首　都	リュブリャナ	ザグレブ	サラエヴォ
人　口	211万人(20年推定)	406万人(20年推定)	330万人(19年推定)
面　積	2万273 km^2	5万6594 km^2	5万1197 km^2
一人当たりGDP (19年世銀)	25,940ドル	14,980ドル	6,170ドル
元　首	ボルト・パホル大統領	ゾラン・ミラノヴィチ大統領	ミロラド・ドディク大統領評議会議長(3民族による8カ月の輪番制)
首　相	ヤネス・ヤンシャ	アンドレイ・プレンコヴィチ	ゾラン・テゲルティヤ閣僚評議会議長(3民族による交代制)
主な民族	スロヴェニア人　83% クロアチア人　2% セルビア人　2%	クロアチア人　90% セルビア人　4%	ボシュニャク(ボスニア・ムスリム)　51% セルビア人　31% クロアチア人　15%
主な宗教	カトリック　73% セルビア正教　4% 無宗教　18%	カトリック　86% セルビア正教　4%	イスラム教　51% セルビア正教　31% カトリック　15%
主な言語	スロヴェニア語	クロアチア語	ボスニア語 セルビア語 クロアチア語
国名表記	Republika Slovenija	Republika Hrvatska	Bosna i Hercegovina Босна и Херцеговина

＊セルビア語，クロアチア語，ボスニア語，モンテネグロ語は表記に用いる文字が違う

表・地図一覧

第一章　南スラヴ諸地域の近代

王宮前の市場に集まる人々（ベオグラード，1859年）

個別意識と共通意識

七世紀頃バルカン地域に移動、定住した南スラヴ（スラヴの一民族集団）は、近代においてハプスブルク帝国とオスマン帝国の支配下に置かれていた。これら二帝国は広大な領域をもつ典型的な複合民族国家であり、その多民族統治の形態は本質的に類似していたといえる。ハプスブルク帝国はカトリックのオーストリア系ドイツ人が、オスマン帝国はトルコ系ムスリム（イスラム教徒）が支配層として存在していたが、ともに南スラヴを含む多数の民族を抱えこんでいたため、帝国の維持はきわめて困難な問題であった。

ハプスブルク帝国は戦争と婚姻関係による領土拡大政策を進め、一六世紀にはその領域を大きくのばして帝国としての様相を強めた。しかし、基本的にはハプスブルク王家を中心とする諸王国や諸領邦の集合体にすぎなかった。例えば言語を見ても、帝国の行政語としてドイツ語が使われていたにせよ、それぞれの王国や領邦に住む農民たちは母語を用いており、農村では自治的な生活空間が保持されていた。多様な言語、そして多様な民族、宗教、文化が共存していたのである。一八世紀になって、マリア・テレジアやヨーゼフ二世の時期から、軍事面でも地方行政の面でも集権化が試みられたが、帝国内に居住する多数の民族の統合が図られたわけではなかった。

一方、オスマン帝国は一六世紀に、きわめて中央集権的な統治制度を作り上げたが、もう一面で、支配下に置いた諸民族に対して、民族的にも宗教的にも一定の自治を認めていた。オスマン帝国の統治が「柔らかい専制」と表現されるゆえんである。

オスマン帝国のバルカン統治は、直接的にはスルタンから与えられた軍事封土の保有者スィパーヒが当たった。スィパーヒは軍事封土内の農民に対する一定の領主権を認められたが、実際には租税徴収権を持っていたにすぎない。かれらは町に住み、農民の生活拠点である村に入ることはなかった。バルカンの村々に旧来からあった自治は損なわれることなく維持されたのである。また、オスマン帝国は異教徒を強制的に改宗することはせず、宗教的帰属を基本的な統合の単位として統治を行った。ムスリムのみならず非ムスリム、例えばアルメニア教会派やユダヤ教徒と同様に、最大の非ムスリムである正教徒も、それぞれの自治を享受していた。ハプスブルク帝国の場合と同様に、ここでも多様な民族、言語、宗教、文化が共存していたのである。

このような二帝国のもとで、南スラヴは自らの民族的アイデンティティを保持することができた。一九世紀初頭のナポレオン戦争によって、ヨーロッパは民族の一体感に基づく「国民」意識を前面に掲げたナショナリズムの時代を迎えることになり、その影響はハプスブルク帝国にもオスマン帝国にもおよんだ。南スラヴも個別の民族意識を強めていき、知識層をはじめ、民衆、すなわち社会の大部分を占めていた農民を含めた「近代的な民族」となるのである。

興味深いのは、個別の民族意識が形成された直後に、南スラヴとしての共通意識が生みだされることである。これはハプスブルク帝国内の南スラヴ、とくにクロアチア人のあいだで南スラヴ統一主義(ユーゴスラヴィズム)として思想運動から政治運動となって展開されていった。

以下ではまず、南スラヴの自己意識がどう形成され、自立に向かったかを概観する。これは、統合された「第一のユーゴ」の構成母胎が、どのような歴史的背景をもっているのかを考えるためであり、第一節でオスマン帝国の、第二節でハプスブルク帝国の支配下にあった民族に分けて説明したい。また、マケドニアの場合も類似しているのだが、とりわけ民族としての認識が特殊な形でなされたボスニア・ヘルツェゴヴィナについては、節をあらためて見ることにする。その上で、地域に従って形成されたアイデンティティについてもおさえておきたい。

1　オスマン帝国支配下の南スラヴ
――セルビア、モンテネグロ、マケドニア――

近代セルビア国家の発展

一八三〇年代に、フランスの詩人で、のちに一八四八年二月革命後の臨時政府首班となるラマルティーヌは東方旅行から戻る途中、まだオスマン帝国領内にとどめられていたセルビア地方の町ニシュの近郊で異様なものを目にした。小高い丘の上に奇妙な塔が白く輝いている。近づいてみると、それは大理石ではなく髑髏を積み重ねて造られていることに気づいた。髪の毛が残っている髑髏もあり、わずかな頭髪がひらひらと風にそよいだという。

一八〇四年、オスマン帝国の辺境に位置するセルビア人が、バルカン地域初の大規模なオスマン帝国に対する蜂起を起こしたが、この反乱のさなか、オスマン政府はセルビア人に対する見せしめとして、セルビア人死者約一〇〇〇体の髑髏で塔を築いた。ラマルティーヌが見かけたのはこの塔であった。

一四世紀末から四〇〇年以上にわたりオスマン帝国の支配を受けてきたセルビアで、オスマン帝国に対する初めての大規模な反乱が生じた背景は三点ほど考えられる。

まず第一は、ユーゴスラヴィアのノーベル賞作家アンドリッチの歴史小説『ドリナの橋』(一九四五年)にも描かれているのだが、セルビア正教会が一六世紀に独自の総主教を持つ自治教会として復活したことである。バルカンの他の地域では、オスマン帝国のバルカン進出過程で正教会の管区の再編成が行われ、イスタンブルの東方正教会総主教(「世界総主教」と称される)がバルカン各地の正教徒の管轄権を握ることになった。その結果、自治教会を失ったブルガリアやルーマニアなどの地域では、東方正教会を通じてギリシア人の影響を強く受けていく。しかし、セルビアではセルビア正教会が民衆の教会としてセルビア人のアイデンティティを保持し続けた。

第二に、セルビアではオスマン軍のバルカン進出を決定づけた一三八九年のコソヴォの戦いに関する英雄叙事詩が、口承文芸となって近代にいたるまで伝えられたことである。コソヴォの戦いはオスマン軍が勝利を収めたが、この戦闘で果敢に戦ったとされるセルビアのマルコ王子の英雄譚《たん》が語り伝えられ、セルビア人の民族意識が保たれる大きな要因となった。最後に、セルビアはオスマン帝国の辺境地に位置していたため、隣接するハプスブルク帝国内に居住するセルビア人商人を通じて、西欧の諸思想を受容することができたことである。

一八〇四―一三年の第一次セルビア蜂起は、豚を扱う商人カラジョルジェを指導者として、オスマン政府の統制を離れ傭兵集団と化したイェニチェリ(常備軍団)の圧政に対する反乱として生じた。しかし、蜂起がセルビア全土に拡大するにつれて、蜂起軍はオスマン帝国の軍隊と衝突せざるを得なくなる。この結果、「悪いトルコ人」の支配を打破して旧来の秩序を回復するため、スルタンへの請願という形で始められた蜂起の性格は変化していった。

この時期はちょうどヨーロッパがナポレオン戦争に巻き込まれており、列強に支援を求めた蜂起軍は列強の利害関心に振り回されることにもなる。一八〇六年に露土戦争が始まると、オスマン帝国はセルビアの自治承認を申し出るが、蜂起軍はこれを拒否し、ロシアの支持を期待して独立を要求するに至った。蜂起は独立を目指す民族解放の戦いへと変化したのである。結局、蜂起はナポレオン戦争が一段落したあと、その鎮圧に全勢力を傾けたオスマン帝国の軍隊によって押しつぶされてしまう。

この第一次セルビア蜂起には、指導者として商人、クネズと呼ばれる村落自治単位の長、聖職者などが参画したが、これに加えて多くの農民が参加し、オスマン帝国の巨大な軍隊と戦うなかで民族意識を強めていき、「近代的な民族」としてのセルビア人が生みだされた。一八一五年には、やはり豚商人のミロシュ・オブレノヴィチを指導者とする第二次蜂起が生じた。ミロシュはナポレオン戦争後の国際情勢を巧みに利用して、独立ではなく自治の獲得という現実

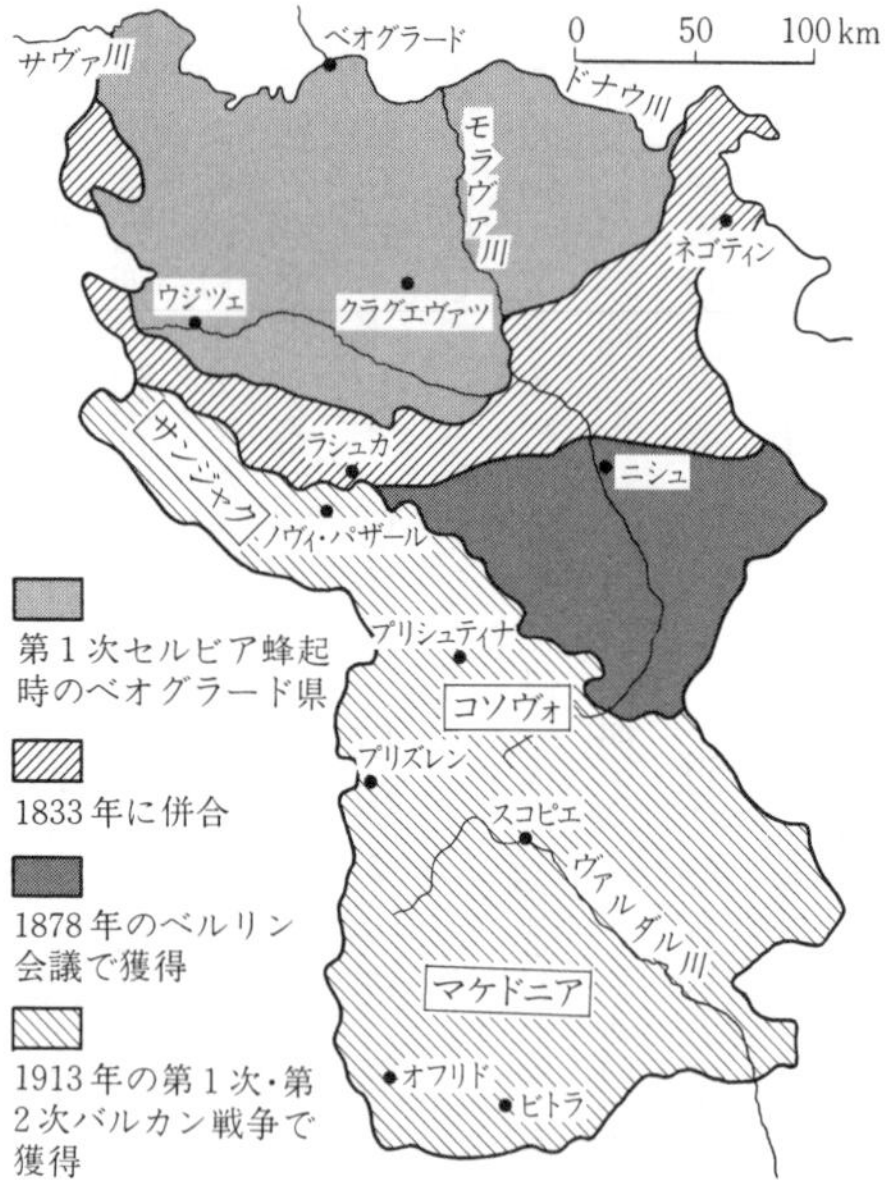

地図 1　セルビアの領土拡張（1804～1913 年）

主義的な方針を採った。オスマン政府との長期にわたる交渉が続けられ、一八三〇年には公国として完全な自治を得る。

セルビア公国は近代的な国家機構の整備にとりかかり、一八四四年には、「バルカンのビスマルク」と称される内相ガラシャニンが、セルビアの外交政策の指針を秘密文書「ナチェルタニエ（覚え書き）」のなかで明らかにした。これによると、セルビアの政治目的は公国外のすべてのセルビア人を公国に統合することだとしており、その対象としては、中世セルビア王国が最大版図を誇った一四世紀のドゥシャン王時代の領域に加え、セルビア人が居住していたが、まだオスマン帝国の支配下にあったボスニア・ヘルツェゴヴィナと、ハプスブルク帝国内のダルマツィアやヴォイヴォディナやスラヴォニアが考えられていた。「ナチェルタニエ」はセルビア近代史を貫く「大セルビア主義」の基礎となる。どれほど実体をともなっていたのかは別として、「大セルビア主義」という表現が一九九一年に始まるユーゴ内戦の過程でも多用されたことは記憶に新しい。

一九世紀を通じて民族としての一体感を強めていったセルビアは、一八七八年のベルリン条約により、近代的な国家として独立を承認されることになった（地図1参照）。

山岳の小国モンテネグロ

「黒い山」を意味するモンテネグロ（現地名ツルナ・ゴーラ）が中世セルビア王国と別の道を歩み始めるのは、一四世紀のことである。ドゥシャン王の死後、中世セルビア王国が分裂して、ゼータと呼ばれた山岳地はバルシャ朝のもとに、言語や宗教を同じくするセルビアとは異なり、モンテネグロとして独自の発展を遂げることになる。

当初、首都はスクタリ（現在はアルバニア国内のシュコドラ）に置かれたが、一五世紀末にはバルシャ朝に代わるツルノエヴィチ朝がオスマン軍の侵攻にあい、さらに山深いツェティニェに遷都しなければならなかった。モンテネグロはここを首都として、オスマン帝国による完全な支配を免れた。一六世紀初め、ツルノエヴィチ朝が終息すると、しだいに影響力を増していた正教会のヴラディカ(主教職)が政治的支配権を手中にして、モンテネグロに特徴的な神政国家を形成する。

一七世紀末にヴラディカに選出されたダニーロ・ペトロヴィチはヴラディカ職を世襲化し、その後第一次世界大戦までペトロヴィチ家の統治が続いた。ヴラディカ統治のモンテネグロは、オスマン帝国支配下に置かれたバルカン地域のなかで、ダルマツィア海岸のドゥブロヴニクとともに、一定の税を納める貢納国として独立を守った。しかし、山岳地の小国モンテネグロが独立を守るのは容易なことではなく、絶えず存在したオスマン帝国の脅威のなかで、強力なモンテネグロ人意識が育まれていく。一九世紀に入ると、モンテネグロ人意識はさらに強化され、「近代的な民族」としてのモンテネグロ人が形づくられるのである。

第一次セルビア蜂起の時期にヴラディカであったペータル一世は行政機構の再編成に取り組み、モンテネグロ近代化の基礎を築いた。後を継いだペータル二世は人口一二万の小国モンテネグロの集権化を進めて、行政面の近代化を図った。ちなみに、ペータル二世は政治家としてよりも詩人ニェゴシュとして知られている。オスマン帝国からの民族の解放と自由の尊厳をうたいあげた彼の叙事詩『ゴールスキ・ヴィエーナッツ(山の花環)』は、セルビア語文学最高傑作のひとつとして、今日でも読み継がれている。

一九世紀中葉に即位したダニーロ二世はモンテネグロの神政政治を終息させた。彼は宗教と政治上の権力を分離して、自らゴスポダル(公)を名乗って主教職を他の人に任せた。こうして、近代国家の様相を整えていったモンテネグロも、セルビアと同様に、一八七八年のベルリン条約によって独立を承認された。

マケドニアをめぐる対立

マケドニアとは歴史的な地名であり、この呼称はアレクサンドロス大王の古代マケドニア王国に由来している。マケドニアという地域の範囲は時代によって異なるが、一九世紀後半以降、北はブルガリアのシャル山脈とリラ山脈、南はギリシアのオリンポス山地とエーゲ海、東はブルガリアのロドピ山脈、西はアルバニアとの境界にあるオフリド湖とプレスパ湖に挟まれた地域と考えられた。山がちのバルカン半島にあって、マケドニアは肥沃な平野と良港テッサロニキに恵まれ、豊富な鉱物資源を有していた。そのため、古来この地域に多くの民族が去来した。このマケドニアに、六世紀から七世紀にかけて移動してきたのが南スラヴであり、かれらがマケドニア人を形成することになる。

マケドニア地方の民族構成は、隣接するブルガリア人やセルビア人と共通のスラヴ語を話しながら、かれらとは異なる南スラヴの住民、そしてトルコ人、ギリシア人、アルバニア人といった具合に複雑であった。このことに加え、オスマン帝国のもとに深く組み込まれていたため、近代においてもこの地域のスラヴ語を話す住民の民族意識の覚醒が遅れた。その結果マケドニアは、オスマン帝国からの独立や自治を達成した近隣諸国のギリシア、セルビア、ブルガリアの領土的野心の対象とされた。一八七〇年代から、これら三国がマケドニアの領有を主張して対立を繰り返す。

ギリシアは、マケドニア地方がイスタンブルの東方正教会総主教座の管轄下に置かれており、正教徒であるスラヴ語を話す住民は自らギリシア人と意識していると主張した。一方ブルガリアは、言語的にみてマケドニア語がブルガリア語の一方言にすぎないと唱えた。ブルガリアはロシアの支持を得て、一八七〇年に東方正教会から自立したブルガリア正教会総主教代理座を設置すると、それまでギリシアの影響の強かったマケドニア地方に宗教を通して勢力を拡大していった。またセルビアは、マケドニア語の語彙がセルビア語と類似していること、セルビア正教の宗教上の習慣(家族固有の守護聖人を祭る儀礼スラヴァのこと)もマケドニアと共通していることを主張した。

　こうした対立は一八七七―七八年の露土戦争によってより先鋭化した。この戦争でロシアが勝利を収め、マケドニアの全域を含む「大ブルガリア公国」の創設を認めるサン・ステファノ条約が締結された。しかし、ロシアのバルカンへの影響力強化を恐れたイギリスやハプスブルク帝国が強く反発した結果、ビスマルクの仲介によりベルリン条約が結ばれた。これにより、「大ブルガリア公国」の領域は縮小され、マケドニア地方はオスマン帝国に返還された。以後、マケドニアの領有をめぐる近隣諸国の対立は激しさを増し、マケドニア問題は外交史上の「東方問題」の主要な部分を形成することになる。

　バルカン諸国の対立とヨーロッパ列強の利害が絡むなかで、最大の犠牲者はこの地方にすむ住民であった。マケドニアの住民の民族的自覚は遅れていたが、一八九三年には「マケドニア人のためのマケドニア」を掲げるＶＭＲＯ（内部マケドニア革命組織）が結成された。しかし、マケドニアは一九一三年の第二次バルカン戦争の結果、近隣のギリシア、セルビア、ブルガリアの三国によって分割されてしまう。

2　ハプスブルク帝国支配下の南スラヴ
――クロアチア、スロヴェニア――

クロアチア人の自立

クロアチア人がクロアチア地方に移住したのは六―七世紀にかけてのことである。クロアチアは地理的な位置関係から、隣接するボスニア・ヘルツェゴヴィナと同様に、東のビザンツ帝国と西のフランク王国双方の影響を受けた。しかし、両者の対抗関係を巧みに利用して、一〇世紀初めにトミスラヴがこの地域を統一し、クロアチア王となった。

ダルマツィア海岸のビオグラードを中心地とするこの中世クロアチア王国は、ビザンツ帝国とヴェネツィアによる外からの攻撃を受けつつ、国内的にも王位継承問題が繰り返されたが、二〇〇年間にわたり継続することになる。一一世紀後半の国王クレシミルとズヴォニミルの時期はクロアチア王国の黄金期とされ、西方教会からカトリックを受容している。セルビア人が中世セルビア王国に愛着をいだくように、クロアチア人にとって中世クロアチア王国は自らのアイデンティティの拠り所であった。

一一〇二年、王位継承問題をめぐって内紛が生じ、この機会にハンガリー王がクロアチアとのあいだに協定を結び、クロアチアおよびダルマツィアの王を兼ねることになる。これ以後、クロアチアは内政上の自治権を認められてはいたが、ハンガリー王国のもとに置かれた。一六世紀の初め、モハーチの戦いでハンガリーがオスマン帝国に敗北し、その独立が奪われると、クロアチアはハプスブルク帝国とのあいだで、それ以前のハンガリー王国と同様の関係を取り結んだ。こうした関係は一九一八年にハプスブルク帝国が崩壊するまで継続する。

一五世紀初頭には、クロアチア人の揺籃の地であるダルマツィアの大部分がヴェネツィアの支配下に入り、クロアチアと分断された。一六世紀中頃から、クロアチアの中心は一一世紀末以後カトリックの司教座が置かれていた内陸部のザグレブ（ドイツ語名アグラム）に移った。一四世紀にオスマン帝国がバルカンに進出するなかで、ハプスブルク帝国支配下のクロアチアは、オスマン帝国との国境地域を形成することになっていった。

ハプスブルク帝国はオスマン帝国の侵攻に備えて、ダルマツィアとスラヴォニア（ドラヴァ川とサヴァ川に挟まれたクロアチア東部の地域）とヴォイヴォディナの一部にまたがる帯状の地域を「軍政国境地帯」として直接統治した。一七世紀から一八世紀にかけて、オスマン帝国の統治を嫌う多くのセルビア人がドナウ川やサヴァ川を越えて、国境警備兵としてこの地域に入植した。ダルマツィアやスラヴォニアの「セルビア人問題」が一九九一年のクロアチア内戦の原因

地図2　19世紀前半のクロアチア

となったことはよく知られているが、その起源はここにある。

軍政地域と民政地域に分断されてしまったクロアチアの領域を統合することが、近代におけるクロアチア人の夢であった。クロアチア人にとっては、中世クロアチア王国（「クロアチア・スラヴォニア・ダルマツィア三位一体王国」）の領域、すなわちザグレブを中心とする内陸部クロアチアとスラヴォニアとダルマツィアが固有の領土と考えられていたからである（地図2参照）。

ダルマツィアは四〇〇年におよぶヴェネツィア支配のあと、ナポレオンの短い統治を受け、一九世紀初めからハプスブルク帝国の支配下に組み込まれた。また、ダルマツィアとスラヴォニア地方の一部は一八八一年までハプスブルク帝国の軍政がしかれていた。

一方、ハプスブルク帝国のもとで、ハンガリー化の脅威にさらされていた内陸部のクロアチア人は、ハンガリーの圧力をはねのけて、自治を保持しようとする動きをみせた。こうして、クロアチア人の民族意識が明確になっていく。

一九世紀前半期にはドイツ・ロマン主義の影響を受けて、ハプスブルク帝国内諸民族のあいだに文化的な民族再生の運動が進展する。クロアチアの場合は、一八三〇年代から「イリリア運動」として展開された。イリリアとは南スラヴが移住する以前にこの地に居住していた古代イリリア人に由来しており、クロアチア人文学者のガイを指導者とするクロアチア知識人の運動であった。ガイは当時チェコでみられた、スラヴの連帯を説くスラヴ主義の影響を強く受けており、バルカンに居住するすべての南スラヴ、すなわちブルガリア人、クロアチア人、セルビア人、スロヴェニア人が単一のイリリア人の末裔であると考えていた。

このように、ガイの考えはスラヴ主義に基づいていたが、かれの最大の政治目標はクロアチア人が固有の領土と考えるクロアチア、スラヴォニア、ダルマツィアの統合であった。ガイはこれらの地域を統合するためには、まず言語の統一が必要だと主張した。これらの地域では、「何」を意味する言葉の違いから、「カイ方言」と「チャ方言」、それにセルビア人と共通の

「シュト方言」に区分されていた。結局、ガイはセルビア人の存在を考慮して、シュト方言でクロアチア語の言語的統一を図ろうとした。

こうしたガイの考えは、セルビア人とクロアチア人との共通意識を築くうえで重要な意味を持った。しかし、実際にはイリリア運動はスラヴという大義のもとにクロアチアの利害が見え隠れしたため、セルビア人やスロヴェニア人のあいだに深く浸透することはできなかった。むしろ、イリリア運動は民族にとって言語の持つ重要性を強く認識させ、クロアチア人の民族意識を発展させたといえる。

国家を持たなかったスロヴェニア人

スロヴェニア人は中世に自らの国家を形成しているセルビア人やクロアチア人と異なり、歴史上自らの国家を持つことができなかった。六世紀後半、サヴァ川上流およびその周辺地域に定住したスロヴェニア人は、八世紀中頃にはフランク王国の支配を受け、カール（シャルルマーニュ）の治世にカトリックを受容して西方教会の勢力下に置かれた。カトリックの布教活動はドイツ人による植民活動をともなっていたので、スロヴェニアにおけるドイツ人の影響が増大していった。

一〇世紀中葉、神聖ローマ帝国が形成されると、スロヴェニア人の居住する地域はその支配を受け、さらにドイツ化が進められた。それにもかかわらず、スロヴェニア人がこの時期に自らの民族性を保持できたのは、スロヴェニア人のカトリック聖職者が活発な啓蒙活動を展開したことが指摘できる。一三世紀後半、ハプスブルク家から神聖ローマ帝国の皇帝が選出されたあと、スロヴェニアに対するハプスブルクの支配が確立し、第一次世界大戦期まで継続する。

一九世紀に入ると、文化的な民族再生運動がスロヴェニア人のあいだでも進行した。スロヴェニア人はハプスブルク帝国内のいくつかの州に分散していたが、こうした運動に先鞭をつけたのは、リュブリャナ(ドイツ語名ライバッハ)を中心都市として、スロヴェニア人が多数を占めるクライン地方(三七頁の地図4参照)のカトリック司祭であり、詩人・歴史家のヴォドニクであった。一六世紀の宗教改革の時期に、クライン地方ではスロヴェニア語の使用が奨励され、スロヴェニア語に新たな息吹が与えられていた。これを引き継ぐ形で、ヴォドニクはスロヴェニアの歴史と言語の研究に生涯を捧げ、スロヴェニア語による初めての新聞をリュブリャナで発行して、スロヴェニア人の民族意識の覚醒に努めた。また、詩人・言語学者のコピタルはドイツ語化したスロヴェニア語の文法の確立に努力し、一八〇九年にはスロヴェニア語の文法書を出版した。

このように、スロヴェニア語の確立とともに、スロヴェニア人としての民族的自覚が生みだされる。さらに、一八〇九―一三年のあいだ、スロヴェニア人が多く居住するクラインとケルンテンは、クロアチア、ダルマツィアとともにナポレオンの統治する「イリリア諸州」に組み入れられた。ここでは、スロヴェニア語も公用語とされたため、かれらの民族意識がいっそう強まった。

ハプスブルク帝国内において、文化的な民族意識の覚醒にともない政治的な民族運動が発生するのは、一八四八年革命の時期である。スロヴェニアでは、クライン、ケルンテン、シュタイアーマルクなどのスロヴェニア人地域を含む統一スロヴェニアの自治が、初めて要求として掲げられた。この要求は退けられてしまうが、これ以後、スロヴェニアを代表する詩人プレシェレンに見られるように、ドイツ語に代わってスロヴェニア語で作品を書く文学者が多数を占めることになる。そして、ハプスブルク帝国内に分散していたスロヴェニア人にとって、スロヴェニア人意識が強まるにつれ、居住地域の統合が最大の関心事になっていった。

3　オスマン帝国支配からハプスブルク帝国支配へ
――ボスニア・ヘルツェゴヴィナ――

ボスニア人意識とは

ボスニアとはサヴァ川の支流ボスナ川にちなんだ地名である（サヴァ川はスロヴェニアに水源を発し、ボスニア・ヘルツェゴヴィナとクロアチアとの境界を築き、セルビアに流れ込む）。旧ユーゴの中央部に位置し、セルビアとクロアチアとに挟まれたボスニアに、六世紀末から七世紀初頭にかけて南スラヴが定住した。北部と西部にはクロアチア人、南部と東部にはセルビア人が優勢となった。しかし、言語を同じくしながらも、セルビア人ともクロアチア人とも異なる人たちが、マケドニア人の場合と同様に、ボスニア人としてのはっきりした自己意識を持たないまま存在していたことにも注目すべきである。

一〇―一二世紀にかけて、セルビア、クロアチア、ハンガリー、ビザンツ帝国がボスニアの領域を交互に支配した。一二世紀後半になるとクリンという支配者が現在のボスニア中部を統一して、中世ボスニア王国を建国した。この結果、ボスニアの人たちはセルビア人ともクロアチア人とも異なる明確な自己意識と生活様式を持つことになる。かれらは地域名であるボスニアをとって、自らをボスニア人(ボサナッツ)と意識していたようである。

このボスニアは東方世界と西方世界のはざまの地帯にあたり、東方正教会とローマ・カトリック双方の影響が容易におよばなかった。従来の研究では、こうした状況において、二元論に基づく中世の異端ボゴミル派がボスニアに拡大し、ボスニア教会を組織して布教活動にあたったとされることが多かった。しかし、アメリカのバルカン中世史家ファインの最近の実証研究によると、ボスニア教会はカトリック教会内の分離派にすぎず、ボゴミル派がボスニアで多数を占めたわけではなかったことが示されている。

中世ボスニア王国は一四世紀のコトロマニッチの治世に、のちにヘルツェゴヴィナと呼ばれることになるフム地方をも支配下に置き、ボスニアとヘルツェゴヴィナとの統一の基礎を築いた。コトロマニッチの後継者トヴルトコはさらに領土を拡大し、衰退しつつあった隣接のセルビア王国に代わってバルカン最強の国家となった。しかし、かれの死後に内紛が生じ、一五世紀後半にはボスニアはオスマン帝国の統治を受けることになった。

ボスニアではオスマン帝国の支配下でイスラムへの大量改宗が進行する。この改宗についても、ボスニア教会のボゴミル派が大量に改宗したと説明される傾向が強かったが、ファインの研究にしたがい、ボスニア教会の信者はイスラムに改宗しただけでなく、カトリックにも正教にも改宗したし、イスラム化はオスマン帝国のボスニア進出直後にいっきに行われたのではなく、長期にわたって進行したと考えることが妥当であろう。

ボスニアは四〇〇年以上にわたるオスマン帝国の統治のあいだに、ボスニア王国の領土的一体性を損なわれることなく、三つのサンジャク(県)、すなわちボスニア、ズヴォルニク、ヘルツェゴヴィナからなる一つのベイレルベイリクあるいはヴィラーエト(州)として行政的に、区分されていた。先にふれたように、オスマン帝国はムスリムと非ムスリムという宗教的帰属に基づいて統治を行ったため、ムスリム、正教徒、カトリック、ユダヤ教徒(一四九二年のスペイン王国による追放令ののちにイベリア半島から移住してきたセファルディム)の区別は明白であった。しかも、ムスリムはオスマン社会で支配的な地位につくことができたが、正教徒、カトリック、ユダヤ教徒はそうはいかなかった。

しかし、宗教・社会上の違いは別として、ここに住む人たちがボスニアという領域に対する共通の帰属意識を持っていたことも確かである。このボスニア人意識はムスリム、正教徒、カトリックと直接結びつくものではなく、ましてやセルビア人意識やクロアチア人意識と結びつくものでもなかった。オスマン帝国統治下のボスニアでは、まだ地域を基盤にして作られたボスニア人意識が一般的だったといえるであろう。

ハプスブルク帝国の「ボスニア人」政策

一八七五年、ヘルツェゴヴィナ地方のネヴェシニェ村(モスタルの東)のキリスト教徒農民がムスリム地主の専横に対して反乱を起こした。この農民反乱は数週間のうちにボスニア・ヘルツェゴヴィナ全土に拡大し、反オスマンを目指す一大蜂起となった。ボスニア蜂起は隣接する南スラヴ地域にも、また国際的にも多大な影響をもたらした。隣接するセルビア公国やモンテネグロ公国はこの蜂起を援助するため、オスマン帝国に宣戦布告した。これが引き金となって露土戦争を誘発した。結局、オスマン帝国は敗北を喫し、七八年のベルリン条約によって、ボスニア・ヘルツェゴヴィナの行政権はカトリックの国であるハプスブルク帝国に移行した(地図3参照)。

ハプスブルク帝国はボスニアの各地でムスリムや正教徒の大規模な抵抗にあいながら、やっとのことでボスニアをその軍事占領下に置くことになる。ハプスブルク帝国はボスニアで一定の近代化を進めようとしたが、基本的にはオスマン帝国支配下で形成された社会構造を維持する政策を採った。支配層であるムスリム地主を敵に回すことなく、彼らに依拠して統治に当たることが得策と考えられたからである。そのため、農民にとって最も重要であった土地改革は

（付記）7月のベルリン条約で①オーストリア=ハンガリーが行政権を獲得，②ルーマニア領に．

地図3　1878年のバルカン

実施されず、とくにカトリック農民の期待が裏切られてしまった。

一方、地域を基盤にしたボスニア人といった意識にも変化が生じる。一八八〇年代に入ると独立を達成したセルビア公国（八二年に王国となる）やハプスブルク帝国内のクロアチアから、正教徒やカトリック教徒の宗教共同体に対する民族的な働きかけが活発になる。この結果、正教徒はセルビア人、カトリック教徒はクロアチア人といった民族意識が強く浸透しはじめた。この二民族のあいだにあって、ムスリムも宗教を基盤として自らの民族意識を強めていった。

こうした状況において、一九世紀末から二〇世紀初頭にボスニア統治の直接的責任者であったハプスブルク帝国の大蔵大臣カーライは、ムスリム地主層に依拠しつつ、ボスニアに対する愛国的な感情に基づく「ボスニア主義」(ボシュニャシュトヴォ)の政策を進めようとした。セルビアやクロアチアの民族主義がボスニアに浸透するのを防ぎ、セルビア人、クロアチア人、ムスリムといった民族意識に代わる新たな「ボスニア人」(ボシュニャク)を形成しようとしたのである。なお現在の問題になるが、一九九四年三月にアメリカの主導でセルビア人勢力を排除して、ムスリム人勢力(「ムスリム人」については一三二頁参照)とクロアチア人勢力からなるボスニア・ヘルツェゴヴィナ連邦が形成される。この憲法において、構成民族がそれまでの「ムスリム人」ではなく「ボシュニャク」(ボスニア・ムスリム)とクロアチア人と規定されているのは興味深い。

さて、上から「ボスニア人」を形成しようとするハプスブルク帝国の政策は、第二次世界大戦後のユーゴで「ユーゴスラヴィア人」を作ろうとした試みがうまくいかなかったのと同様に、住民のあいだに浸透していかなかった。ボスニアの人々はこうした政策に反発し、それぞれの民族・宗教共同体への帰属意識をいっそう明確にしていく。一九〇八年、ハプスブルク帝国はついにボスニア・ヘルツェゴヴィナの併合を宣言した。一九一〇年にはボスニアに立憲制が導入され、帝国議会への代表権をもたない議会が機能するようになった。セルビア人、クロアチア人、ムスリムはそれぞれの政党を結成して、当局の許す範囲内で議会活動を行った。一方、既成政党の行動に批判的な青年層は、のちのサラエヴォ事件を引き起こす「青年ボスニア」に見られるように、民族・宗教の枠を越えた南スラヴ統一の運動を展開する。

4　南スラヴ統一構想の胎動

南スラヴ統一主義（ユーゴスラヴィズム）

これまで概観してきたように、南スラヴはオスマン帝国のもとで、あるいはハプスブルク帝国のもとで、それぞれ個別の民族意識を形成した。しかし、クロアチア人が固有の領域と考えるダルマツィアとスラヴォニアにはセルビア人が多数居住していたため、クロアチアにおいて南スラヴとしての共通意識も作られていく。一八三〇年代から四〇年代にかけて展開されたイリリア運動は、クロアチア人を越えて拡大するには至らなかったが、言語の上ではラテン文字を用いるクロアチア語とキリル文字を用いるセルビア語双方の正書法が整備され、現代文章語としての基礎が築かれた。この結果、ハプスブルク帝国内のクロアチア人とセルビア人のみならず、セルビア公国のセルビア人とのあいだに一定の共通意識が形成された。

こうした両者の共通意識が、初めて政治上の協力関係という具体的な形をとるのは一八四八年革命の時期である。ハプスブルク帝国内の四八年革命は、帝国の重層的な支配構造を反映して複雑な様相を呈した。コシュートを指導者とするハンガリーがハプスブルク帝国からの独立を求める運動を展開する一方、ハンガリーの直接的な支配を受けていたクロアチアやヴォイヴォディナでは、ハンガリーからの自治を求める運動が進められた。

ハンガリーを共通の敵として、クロアチア人とセルビア人とがハプスブルク帝国の皇帝の側に立って共同の軍事行動に従事したり、ヴォイヴォディナのセルビア人運動の指導者である正教会の大主教ラヤチッチがクロアチアの中心地ザグレブに赴き、クロアチア人運動の指導者イェラチッチのためにミサを行っているほどである。帝国内のクロアチア人とセルビア人は皇帝と結ぶことによって、ハンガリーからの自治を獲得しようとした。しかし、四九年にハンガリー革命が鎮圧されると、皇帝のもとに集権的な体制の立て直しが図られたため、クロアチア人の要求は実現しなかった。

四八年革命期に見られたハプスブルク帝国内のクロアチア人とセルビア人の共同行動は、革命後には帝国の枠を越えて、セルビア公国のセルビア人との共同行動となって継続した。著名なセルビアの言語学者・文学者・歴史家カラジッチやクロアチアの詩人マジュラニッチも含む、セルビア人とクロアチア人の言語学者がウィーンに参集して、五〇年には「文語協定(ウィーン合意)」を成立させた。これは先にふれたシュト方言に基づき、さらにクロアチアで用いられていた「イエ方言」が大部分のセルビア人とクロアチア人に用いられているとの理由で、セルビア語とクロアチア語とが共通の文語であることを確認するものだった。セルビア政府は六八年に、クロアチア当局は九二年にこの「文語協定」を正式に認めた。しかし九〇年代頃までには、セルビア政府もセルビアの言語学者もセルビア地方で使われている「エ方言」を好んで使うようになっていた。

さらに六〇年代に入ると、文化的な協力関係から一歩進んで、セルビア公国の政府とクロアチアの政党との協力関係が模索される。六七年にハプスブルク帝国が「アウスグライヒ(妥協)」により、オーストリア皇帝がハンガリー国王を兼ねる二重制の君主国(外務、大蔵、軍事以外は別々になる)になると、翌六八年にはハンガリー王国内に置かれたクロアチアは、ハンガリーとのあいだで同様の二重制(ナゴドバ)を築き、行政的な自治を獲得した。政党活動が活発になり、それらは親ハンガリー・グループ、帝国内の南スラヴの統一を主張する民族党、クロアチアの独立を唱える権利党の三潮流に分かれた。

年表1　19世紀，20世紀初頭のユーゴスラヴィア

	南スラヴ地域	ヨーロッパでの関連事項
1804年	第一次セルビア蜂起(～13)	
06年		ナポレオン大陸封鎖令
14年		ウィーン会議(～15)
15年	第二次セルビア蜂起(～17)	
21年		ギリシア独立戦争(～29)
30年	セルビア公国成立	
36年	イリリア運動(～43)	
48年	クロアチアで民族運動	各地で革命運動
53年		クリミア戦争(～56)
66年		普墺戦争
67年		オーストリア＝ハンガリー二重君主国成立
68年	クロアチア，ハンガリーと二重制(ナゴドバ)を築く	
70年		普仏戦争
75年	ボスニア蜂起	
76年	セルビアとモンテネグロ，オスマン帝国と交戦	
77年		露土戦争
78年		ベルリン会議
81年	クロアチアの「軍政国境地帯」消滅	
82年	セルビアで王制導入	
1903年	マケドニアでイリンデン蜂起	
08年	オーストリア＝ハンガリー，ボスニア・ヘルツェゴヴィナを併合	

一方、近隣諸国とバルカン同盟を築きつつあったセルビア公国は、「大セルビア主義」の立場からクロアチアの民族党と接触し、オスマン帝国およびハプスブルク帝国双方から独立した南スラヴの統一国家を目指して、共通の努力をすることを提案した。両者の合意ができかけたが、セルビアの外相ガラシャニンが解任されたことに加えて、君主のミハイロ公が政敵の手で暗殺されるにおよび、こうした動きは止まってしまった。

露土戦争のあと、七八年のベルリン条約によって、セルビアとモンテネグロの独立が承認され、ボスニア・ヘルツェゴヴィナの行政権がオスマン帝国からハプスブルク帝国に移行されたことは先に述べたとおりである。だが、セルビア公国のセルビア人も、帝国内のセルビア人も、ボスニア・ヘルツェゴヴィナを自らの領域と考えていたため、これに強く反発した。一方、帝国内のクロアチア人は概して、カトリックの国家であるハプスブルク帝国によるボスニア統治を歓迎した。ボスニア・ヘルツェゴヴィナを含めた強力なクロアチア国家を形成する可能性が生じたからである。こうして、クロアチア人とセルビア人の民族主義が前面に掲げられるようになり、両者の関係は悪化していき南スラヴ統一主義は大きく後退した。

クロアチア人・セルビア人連合の成立

一九〇三年は南スラヴ統一主義にとって、画期をなす年であった。セルビア王国では軍人によるクーデタが生じて、親オーストリア＝ハンガリーの立場を採ってきたオブレノヴィチ王朝アレクサンダル国王が暗殺され、代わって親ロシアのカラジョルジェヴィチ王朝ペータルが即位した。ペータルは南スラヴ統一の推進者として知られていた。クロアチアでは、クロアチア人とセルビア人との敵対関係を利用しながら、二〇年におよびハンガリー化政策をとり続けた総督クエン＝ヘーデルヴァーリが、ハンガリー支配に対する民衆運動の高揚のなかで辞任した。これを契機として、反ハンガリーという旗印のもとに、クロアチア人政党とセルビア人政党との協力関係が模索された。

クロアチア人とセルビア人との政党レベルでの協力関係は、セルビア人とクロアチア人との混住地域である南ハンガリーのヴォイヴォディナ出身のセルビア人政治家、スラヴォニアやダルマツィアの政治家によって主張され、ダルマツィアにおいてまず具体化されていく。セルビアのペータル国王がセルビアの利害関心からにせよ、南スラヴの統一に熱心であったことは、ダルマツィアのセルビア人政党にも多大な影響を与えた。そこでは、セルビア人とクロアチア人そしてスロヴェニア人は異なる三つの呼称をもつが、南スラヴというひとつの民族であるとの考えに基づいて、「新路線」と称される政治的潮流が大きな位置を占め始めた。ダルマツィアでのこうした潮流はクロアチアにも浸透していくことになる。

ダルマツィアやクロアチアの民族間の関係にとって一大転機となる「新路線」は、議会を通じて政治問題や民族問題をじょじょに解決していこうとするものであった。この具体的な成果が一九〇五年一二月、クロアチア議会の五政党（クロアチア権利党、クロアチア進歩党、セルビア民族独立党、セルビア民族急進党、社会民主党）による「クロアチア人・セルビア人連合」宣言である。クロアチア人政党とセルビア人政党が初めて連立を組んだ「クロアチア人・セルビア人連合」は、クロアチア人とセルビア人との協力関係の維持および、クロアチアとダルマツィアとの統合を現実的な目標としていたが、ハプスブルク帝国内のスロヴェニア人を含む南スラヴの政治統合も視野に入れていた。

しかし、ハプスブルク帝国の外にあるセルビア王国やモンテネグロ王国との統合を展望していたわけではなかった。一九〇六年のクロアチア議会選挙で、「クロアチア人・セルビア人連合」は三六％の得票率を獲得して第二党に進出した。もっとも、この連合は反ハプスブルク帝国という点でまとまっていたにすぎず、個々の問題に対する利害をすべて共有していたわけではなかった。そのため、一九〇八年のハプスブルク帝国によるボスニア・ヘルツェゴヴィナの併合を契機として、クロアチア人政党とセルビア人政党との取り組み方の違いが見られた。しかし、政党レベルで両者の協力関係が築かれたことは大きな前進であり、第一次世界大戦後の南スラヴの統一国家形成の基盤ともなったのである。

第二章　ユーゴスラヴィアの形成

「第一のユーゴ」建国の宣言(1918年12月1日)

「国民国家」の現実

スロヴェニア（当時、ハプスブルク帝国のクライン州）で生まれ、第一次世界大戦前に単身でアメリカに移住し、一九三〇年代のアメリカ・エスニック文学の旗手となったアダミックは、三二年にアメリカ人の妻をともなって初めて帰郷した。アダミックはこの機会に故郷のスロヴェニアだけでなく、統一を達成した南スラヴの国家である「第一のユーゴ」の各地を回って、ルポルタージュを書いた（一九三四年。邦訳『わが祖国ユーゴスラヴィアの人々』）。そのなかで、かれは多様な地域から形成されたユーゴスラヴィア王国が「自分の生まれた土地ではないが、祖国となった」と書いている。

歴史上一度も自らの国家を建設したことがなかったスロヴェニア人にとって、思いは複雑であった。アダミックが生まれた頃、スロヴェニア人はハプスブルク帝国内のいくつかの州に散在していた（地図4参照）。例えば、かれが生まれた村が属するクライン州では、スロヴェニア人が九〇％以上を占めていた。この他、スロヴェニア人が多いのはシュタイアーマルク州、ケルンテン州、ゴリツィア、トリエステ、イストリアであり、ハンガリー内にも約一〇万人が居

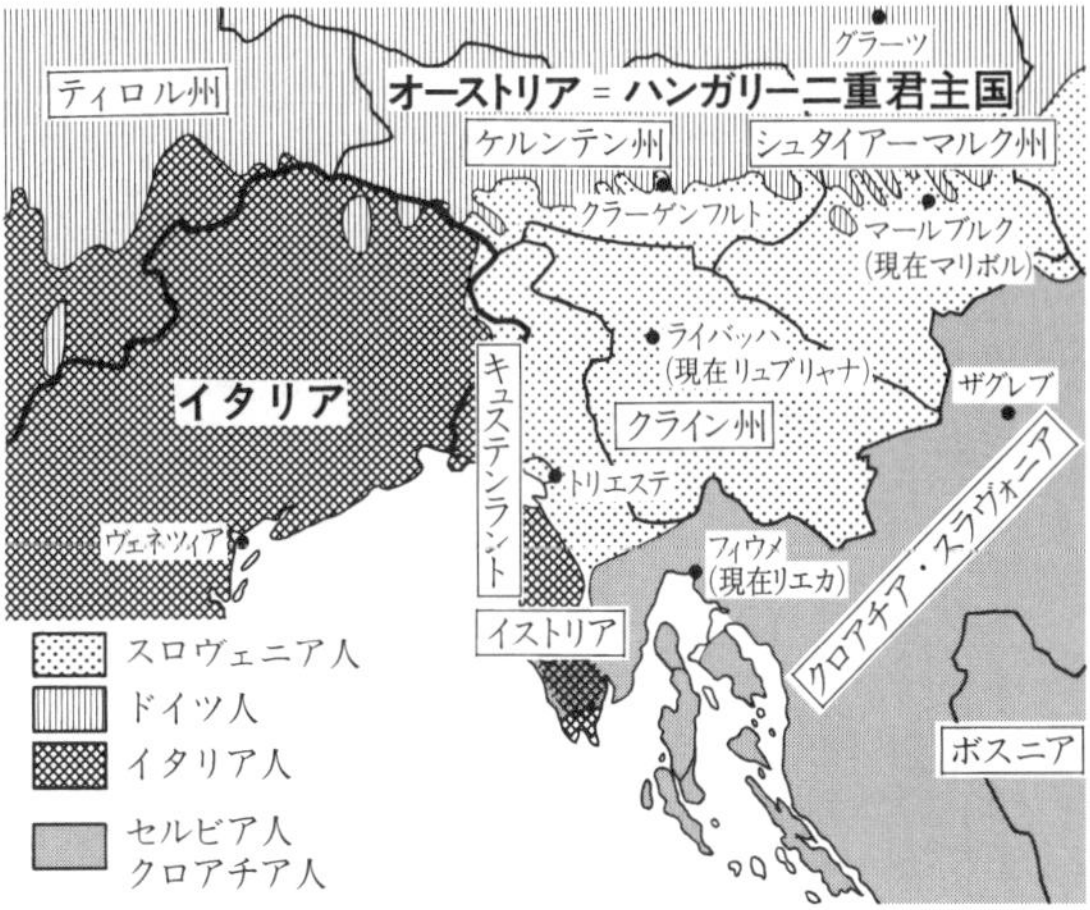

地図4　スロヴェニア人の居住分布（1918年以前）

住していた。これらのうち、ユーゴスラヴィアに統合されたのはクライン州の大部分、シュタイアーマルク州とケルンテン州の一部であり、スロヴェニア人の数は約一〇〇万人であった。隣接するイタリアに五〇万人、オーストリアに一〇万人が少数民族として残されてしまった。これらの少数民族がスロヴェニアに帰属することになるのは、第二次世界大戦後の大幅な国境変更によってである。しかしこれ以後は、連邦制をしく社会主義国家ユーゴスラヴィアの一共和国となったスロヴェニアが、イタリア人少数民族を抱え込んでしまう。

このように、スロヴェニア人は第二次世界大戦後の「第二のユーゴ」において、初めて一つの政治単位のなかにまとまって住むようになった。しかし、第一次世界大戦後の「第一のユーゴ」においては、一定のまとまりを保持するようになったものの、まだ分断されていた。スロヴェニアだけ考えてみても、こうした複雑な様相を呈していたのだから、「第一のユーゴ」の複雑さは容易に推測できるだろう。それにもかかわらず、この統一国家は単一民族からなる「国民国家」と規定され、統合の政策が進められた。「第一のユーゴ」の出発は初めから矛盾をはらんでいたのである。

ハプスブルク帝国のなかで育ち、自らの国を持たなかったアダミックにとって、南スラヴの統一国家は初めて持つ「祖国」であった。しかし、きわめて多様で寄せ木細工のような「祖国」を歩き回り、「国民国家」の建設を目指して統合にきゅうきゅうとする「祖国」の実情を見聞するにつれ、違和感や不快感を抱くようになっていく。

ここでは、「国民国家」のあり方を中心に考えながら、アダミックが見た「第一のユーゴ」の建国にいたる過程と、それ以後の問題を追うことにしたい。

南スラヴの旗手

1　セルビア王国の発展

一八七七年の露土戦争の結果、オスマン帝国が敗北し、翌七八年にベルリン条約が締結された。この条約によって、人口一七〇万人のセルビア公国と人口二〇万人強のモンテネグロ公国はルーマニア公国とともに独立を正式に承認され、これ以後、セルビア公国は八二年に王制を宣言し、急速な近代化を図るが、それは近隣諸国と軍事化を競うことであり、軍隊が大きな力を持つことになった。一方、ボスニア・ヘルツェゴヴィナの行政権を獲得したハプスブルク帝国は、バルカン半島への勢力の拡大を狙い、セルビア王国の経済を支配して多大な影響力を行使した。セルビア王国にとって、ハプスブルク帝国との関係が重要な位置を占めていく。

一九〇三年が南スラヴの諸地域にとって画期をなす年であったことは、前章で述べたとおりである。オスマン帝国支配下のマケドニアでも、「マケドニア人のためのマケドニア」を目指すVMRO（内部マケドニア革命組織）によるイリンデン蜂起が展開されて、一時的ながら、臨時政府を形成して共和国の宣言を行っている。セルビア王国では、社会民主党を除くすべての政党が、セルビアの民族的目的を達成する観点から立憲制や議会制や個人の自由といったスローガンを唱え、「大セルビア主義」を声高に主張するようになっていたが、この年に国民議会選挙が施行され、近代的な憲法が制定されて議会制が確立した。

同じく一九〇三年に即位したカラジョルジェヴィチ王朝のペータル国王のもとで、セルビア王国はハプスブルク帝国の経済的支配からの脱出を試みるようになり、近隣のブルガリアやモンテネグロとの関係を強化した。セルビア王国の自立化傾向が強まるにつれ、しだいにハプスブルク帝国との関係が悪化し、一九〇六年にはハプスブルク帝国との間で関税戦争(「豚戦争」)が開始されるに至った。

ハプスブルク帝国はセルビア王国の軍需品発注は自国に限定すべしとの要求が受け入れられないと、セルビアの主たる輸出品である豚の輸入を禁止するに至った。セルビアはこれに対する報復措置として、ハプスブルク帝国からの輸入を拒否し、代わってヨーロッパ諸国に市場を求め、ギリシアのテッサロニキ港経由で交易をすることにしたのである。

一九〇八年、ハプスブルク帝国がボスニア・ヘルツェゴヴィナの併合を宣言すると、両国の関係はいっきに緊張した。「大セルビア主義」に基づき海への出口を求めて、セルビア人が多数居住するボスニア・ヘルツェゴヴィナへの進出を狙っていたセルビアは、モンテネグロとともにこの併合に強く反対した。バルカンに多大な関心を示すロシアも反対の意志を表明した。セルビアでは、ハプスブルク帝国に宣戦布告すべしとの気運が高まったが、時期尚早とのロシアの助言があり、戦争に突入するには至らなかった。併合事件を契機として、ヨーロッパ列強はセルビア王国をバルカンにおける中心的な存在として認識することになる。南スラヴ解放の旗手セルビアのイメージが作り上げられていった。

一九一二年に入ると、ロシアの仲介でセルビア、ブルガリア、ギリシア、モンテネグロ間に二国間同盟条約が次々と締結されていき、バルカン諸国の同盟体制(バルカン連盟)が形成された。この時期、オスマン帝国はイタリアとの戦争に煩わされていた。一方、まだオスマン帝国支配下に置かれていたアルバニアやマケドニアでは民族運動が展開されていた。この年の一〇月、バルカン連盟諸国のモンテネグロ、セルビア、ギリシア、ブルガリアが相次いでオスマン帝国に宣戦布告することにより、第一次バルカン戦争が開始された。戦争はバルカン連盟側の勝利に終り、オスマン帝国はバルカン半島の領土をすべて放棄した。

オスマン帝国がバルカン半島から撤退すると、民族解放が遅れ真空地帯となったマケドニアに対する、バルカン連盟諸国の領土要求が衝突して、バルカン諸国の間で第二次バルカン戦争が始められた(一九一三年六月)。セルビアはこの戦争でも勝利を収めた。この結果、マケドニアは戦勝国のギリシアとセルビアによって分割され、ごく一部が敗戦国ブルガリアの統治下に置かれることになる。

ところで、バルカン戦争当時、ドイツ軍の隊付勤務をしていた日本の一軍人は荒涼としたバルカンの印象を、のちに次のように記している。「……ソフィアからトラキヤ、マセドニア《〔ママ〕》地方へ旅行に出発しましたが、此《この》旅行で私は二度びっくりして自分の認識不足を嘆じた事があります。私はバルカン地方も欧州の一角でありますから西欧旅行と同様に考えて其様《そのよう》な準備で出掛けました所、実際に当りますと何の欧州どころか満蒙を旅行すると同様なので驚きました。元来、此地方はオリエントエキスプレスの沿道だけが開発されて居まして夫《それ》以外の所は全く荒廃して居ります。何も地味が瘠痩《せきそう》なのではなく、全く永年の苛政の為に産業衰へ、其上民族間の絶えざる争闘の為満目荒涼として丸《まる》で満蒙の地を見る様な気がしました……」(溝口直亮「バルカンの想ひ出」『政界往来』第六巻九号、一九三五年)。

このバルカン戦争で多大な犠牲を払ったものの、勝利者となったセルビア王国は、自国だけではなくハプスブルク帝国内の南スラヴの間でも、熱狂的な歓迎を受けた。セルビア王国は南スラヴ解放の旗手としての地位を不動のものとしたのである。数多くの義勇兵がセルビア王国軍に参画するようになり、寄付が集められ、医療班が派遣され、首都ベオグラードへの訪問が相次いだ。とくに、若い世代の熱狂ぶりが際立った。

セルビアの国家構想

南スラヴ解放の旗手と見なされていくセルビア王国にとって、二〇世紀初頭の国家構想の選択肢は「大セルビア」、南スラヴの統一、バルカン連邦の三つであった。

このうち、バルカン連邦構想は一八六〇年代からさまざまなグループによって提出されてきた。例えば、ハプスブルク帝国の辺境地ヴォイヴォディナ（現在、セルビア共和国の一自治州）のセルビア系知識人ミハイロ・ポリト＝デサンチッチは、七〇年代にヨーロッパ列強が国際政治の客体と見なす「東方」、すなわちバルカンの問題を分析し、「東方問題」の解決策としてバルカン連邦構想を提起した。彼はハプスブルク帝国を念頭に置きつつ、民族原理に基づいてオスマン帝国を解体し、バルカン半島を小国の連合により「中立地域」にするという「バルカン連合」構想を初めて理論化した。また、セルビア社会主義の先駆者であるマルコヴィチもバルカン連邦を構想した。マルコヴィチは一八七二年に出版された代表作『東方におけるセルビア』の中で、セルビア人を含めたオスマン帝国支配下のバルカン諸民族の完全な解放のためには、社会変革を行い、連邦主義に基づく民主的なバルカン半島の統一が必要であると主張した。こうした考えは社会主義者に受け継がれ、第一次世界大戦期まで継続するが、広範な支持を受けた政治運動に発展したわけではなく、一部知識人たちの机上の構想の域を出ることはなかったといえよう。

これに対して、先に述べたセルビア王国を含むバルカン連盟は、国家間の同盟体制として築かれた。オスマン帝国に対する第一次バルカン戦争が展開され、オスマン帝国が敗北してバルカンから撤退するなかで、〝上からの〟バルカン連邦は現実味を増していった。しかし、第二次バルカン戦争では、バルカン諸国が利害対立からセルビア、ギリシア、モンテネグロ対ブルガリアに分かれて戦い、ブルガリアが敗北したため、ブルガリアを含めたバルカン連邦構想の実現は困難になってしまうのである。

そもそも、セルビア王国の政治家や知識人は、バルカン連邦の実現を第一義的に考えていたわけではなかった。しかし、もう一つの選択肢である南スラヴの統一に多大な関心を持っていたのでもなかった。彼らはハプスブルク帝国の崩壊を前提とするような南スラヴの統一を打ち出す危険をあえて冒す気はなく、もっぱら関心を示したのはセルビア王国の外に居住するセルビア人の運命についてであった。

南スラヴの統一構想が意味を持ったのは、ハプスブルク帝国内の南スラヴ、すなわちクロアチア人、スロヴェニア人、セルビア人の政治家や知識人たちにとってである。かれらはオーストリアとハンガリーによる二重制をしくハプスブルク帝国内で、南スラヴの自治を確かなものにするため、南スラヴ地域を一つの政治単位として、チェコ人やスロヴァキア人が求めるような帝国の三重制への再編を要求した。ここで注意すべきは、ハプスブルク帝国の枠組みを壊して、独立した南スラヴの統一国家を形成しようとしたのではなかったことである。独立への方向が明確に出されるのは、第一次世界大戦が勃発してからであった。

セルビア王国の政治家や知識人の心を強く捕らえていたのは「大セルビア」の実現であった。とりわけ、一九〇八年にボスニア・ヘルツェゴヴィナがハプスブルク帝国によって併合された後、彼らの関心は、セルビア人が多く居住する南部の地方で、まだオスマン帝国支配下に置かれていたコソヴォやサンジャク(ボスニアとコソヴォを結ぶ山岳地帯)やマケドニアに向けられた。これらの地方はいずれも二度にわたるバルカン戦争によって領土的帰属が決定された。コソヴォとマケドニアはセルビア王国に帰属することになり、サンジャク地方はセルビア王国とモンテネグロ王国とに分割された。この結果、分割されたサンジャクを境界地として、セルビア王国とモンテネグロ王国とは領域を接することになり、両王国では、以後いっそう密接な関係が続いた。

要するにバルカン戦争を契機として、セルビア王国は南スラヴ解放の旗手と見なされるようになるが、この時期のセルビアの国家構想は実際には、ハプスブルク帝国内のセルビア人地域を棚上げにした上での「大セルビア」の実現にあったといえる。

2 第一次世界大戦と南スラヴ統一運動

サラエヴォ事件

中世セルビア王国がオスマン軍に敗北を喫した「屈辱的な」コソヴォの戦い(一三八九年)と月日を同じくする一九一四年の六月二八日(旧暦一五日)、ボスニア・ヘルツェゴヴィナの州都サラエヴォで銃声が響いた。この地方に駐留していたハプスブルク帝国軍の演習を観閲するため訪れていた、帝位継承者フランツ・フェルディナント大公夫妻の暗殺を企て、訪問を歓迎する群衆に紛れて待ち構えていた刺客がピストルを発射し、二人に命中した。二人とも即死に近かった。

ところで、ウィーンにある軍事史博物館には、この時大公夫妻が乗っていた自動車や血に塗《まみ》れた軍服が展示されており、現在でも人目を引いている。一方、サラエヴォには、暗殺の「犯人」プリンツィプがピストルを撃った現場にその足跡が刻まれ、彼を「英雄」として称える一文を記したプレートが飾られて、観光地となっていた。もっとも、一九九二年に始まるボスニア内戦の過程で、この足跡もプレートも取り除かれてしまった。プリンツィプを「犯人」と見るか「英雄」と見るかは、サラエヴォ事件をどのような視点から理解するのかに関わっていた。ボスニア内戦が激化する中で、ボスニア社会が民族・宗教的に分断され、プリンツィプをボスニア・ヘルツェゴヴィナ解放の「英雄」と捉える共通の評価はなくなってしまった。

大公夫妻を射殺したプリンツィプは、ハプスブルク帝国からのボスニア・ヘルツェゴヴィナの解放と南スラヴの統一を目指す、「青年ボスニア」に属するボスニア出身のセルビア人であった。サラエヴォ市街には、プリンツィプのほかにイリッチ、チャブリノヴィチ、メフメドバシッチ、グラベジュ、チュブリロヴィチ、ポポヴィッチの六人が武器を携えて待機していた。彼らの名から判断できるのだが、七人の若い刺客はセルビア人だけでなく、ムスリムもいたのである。第一次世界大戦直前のボスニア・ヘルツェゴヴィナでは、宗教を基礎としてセルビア人やクロアチア人が民族意識を鮮明にし、相互の相違を明白にしていた。一方、こうした相違を越える形で、ボスニア・ヘルツェゴヴィナの一体性を保持し、共和制に基づく南スラヴの統一を目指す青年たちの運動も展開されていたのである。

ハプスブルク帝国政府は、サラエヴォ事件の背後で糸を引くのがセルビア王国だと非難して、最後通牒を突きつけた。この最後通牒によると、ハプスブルク帝国によるボスニア・ヘルツェゴヴィナ併合後の一九〇八年末にセルビアで組織された「民族防衛団（ナロードナ・オドブラナ）」がその背後組織だとされた。しかし、実際にはプリンツィプらに軍事訓練を行ったり武器を供与したのは、一九一一年に結成された「大セルビア」の実現を目指す秘密組織で、セルビア王国軍の軍人アピスを指導者とする「黒手組（統一か死か）」であった。

「青年ボスニア」は強力な指導者のもとに形成された確固たる組織ではなく、ハプスブルク帝国による軍事占領というボスニアの特殊な条件の中で生まれた、学生や生徒たちを中心とする多様な運動体にすぎなかった。これに対して、「黒手組」は反ハプスブルク帝国を前面に掲げる軍人中心の組織であった。両者は反ハプスブルク帝国という点では一致していたが、「大セルビア」の実現で一致していたわけではない。「青年ボスニア」運動参加者の一部が、南スラヴ解放の旗手としてのセルビアの組織に軍事的に依存したにすぎなかった。

「青年ボスニア」の多様性は第一次世界大戦以後、そのメンバーがたどった軌跡を見れば明らかである。民族主義者に回帰する者、共産主義者となる者、ユーゴ唯一のノーベル文学賞作家アンドリッチのように文学者となる者、チュブリロヴィチのように歴史学者としてベオグラード大学で教鞭をとる者など、様々であった。

ともかく、彼らにとって人生の一大転機となるサラエヴォ事件は、「黒手組」の指導者アピスや彼ら自身の楽観的な見込みとは異なり、当時の緊迫した国際環境の中で第一次世界大戦を引き起こすことになったのである。

南スラヴ統一運動の展開

第一次世界大戦の勃発とともに、ハプスブルク帝国崩壊の可能性が生じると、南スラヴの統一国家を形成しようとする運動は、従来の多分に理念的な形態から、具体性を帯びた積極的な政治運動に変化した。南スラヴ統一運動の担い手となるのはパシッチを首相とするセルビア政府と、ハプスブルク帝国内の南スラヴ地域から西欧に亡命した政治家や知識人のグループであった。これら統一運動の指導者は厳しい現実に直面することになる。すなわち、ハプスブルク帝国の存続か解体かをめぐって、英仏などの協商国側と統一運動指導者との戦争目的が異なっていたし、協商国側に立って参戦したイタリアがダルマツィア海岸地域の領有を主張したので、南スラヴの統一にとって大きな障害となったのである。加えて、統一運動指導者の見解も一様ではなかった。

セルビア政府と摂政アレクサンダル公(一九二一年、ペータルの死去に伴い国王に即位)は第一次世界大戦が始まると、「大セルビア」の実現から、ハプスブルク帝国の解体を前提とした南スラヴの統一へと姿勢を転換していった。こうした姿勢は当然、ハプスブルク帝国の南スラヴ地域を棚上げにした「大セルビア」構想に押しとどめようとする、協商国側と摩擦を起こすことになった。あくまで「大セルビア」の実現にこだわったのは、セルビア王国軍の軍人たちであった。

一四年一二月、パシッチを首相兼外相とするセルビア政府は、セルビア南部の都市ニシュでセルビアの戦争目的が、セルビア人、クロアチア人、スロヴェニア人すべての解放と統一であるとの「ニシュ宣言」を発表して、その姿勢を公的に示した。一方、ハプスブルク帝国の南スラヴ地域、とくにオーストリアの支配下に置かれ、クロアチア人とセルビア人との混住地域であるダルマツィアからの亡命政治家や知識人のグループは、帝国内南スラヴの統一と帝国の解体を目的として活動していた。この動きを察知したセルビア政府は、ハプスブルク帝国の解体という点では完全に一致していたため、グループの中心人物でダルマツィア出身のクロアチア人政治家トルムビッチと接触し、彼らに帝国内南スラヴを代表する組織結成の働きかけを行い、資金援助を申し出た。

一五年四月、協商国側の要請に答えてイタリアがロンドン秘密条約を結んで参戦した。この条約は協商国側が戦争に勝利を収めた際、参戦の見返りとしてイタリアに、六五万のクロアチア人とスロヴェニア人が居住するダルマツィア海岸地域、イストリア半島、アドリア海の島嶼部の領有を認めるものであった。帝国内の南スラヴにとって、死活に関わる内容といえる。

秘密条約であったが、この締結を聞きつけたトルムビッチは、帝国内南スラヴの問題を協商国側に訴える組織を早急に結成する必要にかられ、ロンドン条約締結直後にセルビア政府の資金援助を受けて、パリで一七人からなる「ユーゴスラヴィア（南スラヴ）委員会」を形成した。以後、ユーゴスラヴィア委員会はロンドンに拠点を移して、協商国側に南スラヴの統一問題を訴えかけていく。セルビア政府は南スラヴ統一のためにユーゴスラヴィア委員会を利用しようと考えていたが、帝国内の南スラヴをセルビア王国やモンテネグロ王国と統一するのか否か、将来の南スラヴ統一国家をどのような政治形態にするのかという問題をめぐっては、必ずしも見解が一致していたわけではなかった。

コルフ宣言

一九一五年一〇月、ブルガリアがドイツ、オーストリアなどの中央同盟側に加わって参戦することにより、セルビアは緒戦以上の苦戦を強いられた。セルビア政府は一四年末の時点で、ベオグラードからニシュへと南への移転を余儀なくされていたが、さらにセルビア軍は一五年から一六年の冬には「受難の地」といわれるアルバニアやモンテネグロの山道を、決死の行軍を行ってアドリア海岸へ撤退した。さらにここから、アドリア海に浮かぶギリシア領のコルフ島にようやく拠点を移すことができた。

セルビアが第一次世界大戦で払った犠牲は計り知れない。後にふれる第二次世界大戦期のパルチザン戦争における旧ユーゴスラヴィアの死者の数は、戦後のユーゴスラヴィア賠償委員会による公式統計によると一七〇万人(人口の一一%)とされた。その後、この死者数はユーゴの研究者により約一〇〇万人に修正された。現在では出生難、国外移住、拉致、疎開や強制移住などによる約一〇〇万の犠牲者を加え、総計二〇〇万人が戦争の直接的な被害者とされる。これと比べると驚くべきことに、第一次世界大戦期の南スラヴ地域の死者(病死も含む)は一九〇万人と推定されている。このうちの約六〇%、一一一万人がセルビア王国の死者の数である。死者の内訳は一般市民がその七〇%、軍人が三〇%である。セルビア王国の人口は四七〇万(一九一四年)であったから、じつにその二四%が死んでいったことになる。チフスや飢えによる市民の死者数の多さが特徴であった。セルビア軍と行動を共にしたモンテネグロやボスニア・ヘルツェゴヴィナでも多大な犠牲がでた。モンテネグロ王国の死者の数は人口の四分の一にあたる六万、ボスニア・ヘルツェゴヴィナでは人口の五分の一にあたる三六万の死者を数えている。

このように困難な状況の中で、セルビア政府は南スラヴの統一に関心を向ける余裕はなかった。しかし、パシッチ首相らはコルフ島で一息つくことができたことに加えて、一七年にはセルビア王国の保護者を任じていたロシアで二月革命が生じ、ロシア帝国が崩壊するという大きな情勢の変化が見られた。

協商国内で孤立化することを恐れたセルビア政府は一七年七月、活発な活動を展開していたユーゴスラヴィア委員会に呼びかけ、コルフ島で両者の会談が開催された。ここでパシッチとトルムビッチの署名による一四条の「コルフ宣言」が発表された。「コルフ宣言」には、セルビア王国のカラジョルジェヴィチ王朝のもとに将来、セルビア人、クロアチア人、スロヴェニア人がまとまって居住するすべての領域からなる立憲君主国を建国することが述べられているが、将来の国家が連邦制を採るか集権制を採るかについてはふれられていない。しかし、この宣言が南スラヴ統一国家の基礎に据えられたことは確かである。

3　擬制の「国民国家」の成立

統一国家の形成

これまで南スラヴ統一運動の中心として、セルビア政府とハプスブルク帝国の外で活動するユーゴスラヴィア委員会に焦点を当ててきたが、帝国内の諸政党や民衆が、南スラヴの統一国家についてどのような考えを持っていたのかにも注意を払うべきであろう。例えば、ダルマツィア出身のクロアチア人政治家が多いユーゴスラヴィア委員会の、帝国内の南スラヴの統一という考えは、帝国内のハンガリー支配下にあるクロアチア地域においてさえ一般的ではなかったようである。クロアチア議会の議員の多くにとって、クロアチア固有の領土と見なされるダルマツィアの統合こそが緊急の課題であり、帝国内の南スラヴの統合は具体的な政治日程に上っていなかった。まして、セルビア王国やモンテネグロ王国との統一など考えてもいなかったのである。

こうした状況に変化が生じるのは、一七年に入ってからのことである。五月には、ウィーンの帝国議会に議席を持つスロヴェニア人を中心とする南スラヴの議員からなる「ユーゴスラヴ

年表2　第一次大戦直前から第二次大戦にいたるまで

	ユーゴスラヴィア	ヨーロッパ
1912年		バルカン戦争(～13)
14年	サラエヴォ事件 ニシュ宣言	第一次世界大戦(～18)
15年	ユーゴスラヴィア委員会創設	
17年	コルフ宣言	ロシア革命
18年	ジュネーヴ会議 セルビア人・クロアチア人・スロヴェニア人王国(第一のユーゴ)建国	
21年	国王ペータルが死去，摂政アレクサンダル公が国王に即位 ヴィドヴダン憲法制定	小協商成立
22年		イタリア，ファシスト政権成立
29年	国王，独裁制を宣言 国名がユーゴスラヴィア王国となる	世界恐慌始まる(～32)
31年	新憲法発布	
33年		ドイツ，ナチス政権成立
34年	ドイツと通商条約締結 国王アレクサンダル，マルセイユで暗殺	バルカン協商成立
37年	イタリアと不可侵条約締結	
38年		ミュンヘン会談
39年	クロアチア自治州創設	

ィア・クラブ」が、帝国内の南スラヴ地域を一つの政治単位として、帝国をそれまでの二重制から三重制にする旨の「五月宣言」を出した。もっとも彼らはこの時点でも、帝国の存続を前提にしていた。しかし、中央同盟の軍事的敗北がはっきりする一八年夏以後、帝国の枠を打破して南スラヴ地域を統一しようとする動きが加速された。

八月には、帝国内南スラヴの政治指導者が集まり、南スラヴとして自決権を行使するため、南スラヴの地域を一つの政治単位として組織化する仕事に着手し始めた。一〇月六日には、帝国内南スラヴ地域の政党代表者会議で南スラヴの統一を目的として、ザグレブで「スロヴェニア人・クロアチア人・セルビア人民族会議」(以下「民族会議」と略記する)が創設された。同月二九日には、スロヴェニア人コロシェツを議長とし、クロアチア人パヴェリッチ(のちに登場するウスタシャの指導者と同姓同名だが、別人物)とセルビア人プリビチェヴィチを副議長とすることの「民族会議」を新たな権力機関として、帝国内のすべての南スラヴ地域からなる、スロヴェニア人・クロアチア人・セルビア人国家の創設が宣言された。

興味深いのはこの際、クロアチア議会がダルマツィア選出のクロアチア人議員をも加えて、クロアチア人にとって中世クロアチア王国以来の長年の夢であった、クロアチアとスラヴォニアにダルマツィアを加えた「三位一体王国」の創設を宣言したあとで、スロヴェニア人・クロアチア人・セルビア人国家の宣言を出していることである。

この時点で、南スラヴの間にはセルビア政府、モンテネグロ政府、そしてハプスブルク帝国内の「民族会議」とロンドンのユーゴスラヴィア委員会の四政治組織が存在することになった。しかし、国際的承認を受けていたのはセルビア政府とモンテネグロ政府だけであり、セルビア政府が政治的・軍事的に最大の力を持っていた。先に述べたロンドン秘密条約の存在のため、国際的承認を取りつけられなかった「民族会議」の呼びかけにより、一八年の一一月六―九日、ジュネーヴにセルビア王国首相パシッチ、セルビア王国野党勢力代表三名、「民族会議」代表三名、ユーゴスラヴィア委員会代表五名が参集した。モンテネグロ王国の代表は出席しなかった。この会議でまとめられた「ジュネーヴ宣言」は、制憲議会により統一国家の国家形態を決定するまで、セルビア政府と「民族会議」とが並存して統治に当たるという連邦的色彩の強いものであり、セルビアの王朝のもとに立憲君主国を形成する内容のコルフ宣言とは大きく相違していた。パシッチはこの会議で主導権を握ることができず、セルビアのカラジョルジェヴィチ王朝を中心とする統一国家の形成を確保できなかったのである。

ジュネーヴ会議後、パシッチはセルビア政府がこの宣言の受け入れに強く反発したため、摂政アレクサンダル公に辞職を申し出るが受け入れられず、結局、野党勢力を取り込んだ内閣改造に着手するに止まった。このように、セルビアでは「ジュネーヴ宣言」に沿って事態が順調に進んだわけではなかった。

一方、ハプスブルク帝国が崩壊した南スラヴ地域では社会的混乱が続き、加えて、イタリアがロンドン条約に基づいてダルマツィア海岸を占領するに至った。こうした状況において、ダルマツィアの民族会議は一一月一四日にいち早く、ザグレブの「民族会議」ができるだけ速やかにセルビア政府と国家統一に関する交渉を行うように要請している。一九日にはボスニア・ヘルツェゴヴィナで結成された民族会議も同様の要請を出した。また二五日にはヴォイヴォディナ議会がセルビアとの統一を宣言した。二六日には、セルビア王国との統一か、モンテネグロ王朝の保持かで二分していたモンテネグロ議会もセルビアとの統一を採択した。亡命中の国王ニコラの支持者たちは、モンテネグロ議会の決議に異議を唱えて反乱を起こした(「第一次世界大戦中に国土が占領され、国王ニコラはフランスに亡命していた」)。反乱は鎮圧されたものの、「モンテネグロ問題」は火種を残したまま南スラヴ統一国家の建国が進行した。一方、マケドニアでは、セルビアとは別の政治単位という条件で南スラヴの統一国家を支持する見解や、三分割されているマケドニアの統一と独立を主張する見解がみられたが、セルビアの承認も国際的な支持も受けることはできなかった。

「民族会議」内では、ラディチ率いるクロアチア農民党やクロアチア民族主義グループ「フランク派」が、クロアチアの自治や領域の保持を求めて最後まで反対したが、最終的には二七日に「民族会議」の代表が「ジュネーヴ宣言」ではなく、「コルフ宣言」に沿ってセルビア王国との統一を進めるとの方針をもってベオグラードへ出発した。

この結果、一二月一日、すべてを白紙委任されたセルビア王国の摂政アレクサンダル公は、セルビア人・クロアチア人・スロヴェニア人王国（一九二九年にユーゴスラヴィア王国と改称される）の成立を宣言した。様々な問題を抱えながらも、「第一のユーゴ」と称される、ブルガリアを除く南スラヴの統一国家が、初めて建国されたのである。

パリ講和会議と新生国家の国際的承認

新生国家の暫定議会が設置され、暫定政府が発足したのは一九一八年一二月中旬であった。これまでの経緯からして、パシッチが暫定政府の首相となることは当然と考えられていた。しかし、摂政アレクサンダル公の反対があり、パシッチは新国家の初代首相に就任することはできなかった。首相に指名されたのは、パシッチの盟友プロティチであった。「民族会議」の代表コロシェツは副首相に、副代表のプリビチェヴィチは内相に指名された。国内のどの政党にも属さない、ユーゴスラヴィア委員会の代表トルムビッチが外相に指名された。このように暫定政府はハプスブルク帝国内の諸政党とセルビア王国の諸政党の代表から成り立っており、その人選には両地域と民族のバランスが最優先されていたことが窺える。

暫定政府はパリ講和会議の全権団の選出を急いだ。パリ講和会議の首席全権には首相就任を阻まれたパシッチが選出され、協商国側にその名を知られていた外相のトルムビッチが次席全権に選ばれた。暫定政府はパリ講和会議の全権が南スラヴ統一国家には四人割り当てられると考え、他の二人の選出にあたった。コロシェッツと同様にスロヴェニア人でオーストリア最後の政府の無任所大臣だったジョルゲルとセルビア王国政府のパリ駐在公使を務めたヴェスニッチが選出された。全権四人に加え、会議には出席できるが議決権をもたない政府代表三人に、「クロアチア人・セルビア人連合」のクロアチア人政治家スモドラカ、セルビア王国のロンドン大使であったボシュコヴィチ、スロヴェニア人政治家リバルシュが加わった。元首相の西園寺公望を首席全権とした日本の全権団を別にすると、パリ講和会議に出席したほとんどの国の首席全権は元首が務めるなかにあって、現職の首相でないパシッチの首席全権は異例であった。

慌ただしく全権と政府代表が決定されてパリ講和会議に臨んだが、新生国家セルビア人・クロアチア人・スロヴェニア人王国は内外にいくつもの問題を抱えていた。同じ新生国家のチェコスロヴァキアやポーランドとは異なり、イタリアとの「アドリア海問題」や「モンテネグロ問題」があったため、協商国による国際的な承認を容易に受けることができなかった。パリ講和会議はモンテネグロに全権一名を割り当てる方策を講じたが、結局、モンテネグロ全権が会議に出席することはなかった。四人の全権と政府代表三人のあいだには、出身地域の利害に基づく立場の違いが垣間見られたが、七人とも全権団の一員であることを強く意識して、新国家の国際的承認を最優先させたと言える。新国家の全権団の総数は一一〇名であり、出席国のなかでイギリス、フランス、イタリアに次ぐ第四番目の多さであった。パリの中心エトワール広場近くのオテル・ドゥ・ボー・シットに全権団の拠点が築かれ、パシッチは家族とともにここで生活した。全権団のなかには外交、政治、経済、軍事、交通・通信の専門家だけでなく、新国家の領土問題との関連で、著名な民族学者ツヴィイッチや歴史家で国際法学者ヨヴァノヴィチらも加わっていた。

新国家の全権団にとって、いつ新国家の承認がなされ、ギリシアを除く隣接するイタリア、ルーマニア、ハンガリー、ブルガリア、アルバニアとの国境画定がどのようになされるのかが関心の的であった。イタリアの強い反対のため、イギリスとフランスはセルビア人・クロアチア人・スロヴェニア人王国全権団に対してあいまいな姿勢を残したまま、一九年一月一八日にパリ講和会議が開催された。新国家の全権団は承認されてはいたが、公式にはセルビア王国の代表団と見なされたのである。五大国のうち、アメリカはロンドン秘密条約を否定する立場から新国家を支持していたが、イギリスとフランスはイタリアに配慮すると同時に、新国家が安定して存続できるか否か時間をかけて見極めようとする姿勢をとった。

パリ講和会議が始まると、セルビア人・クロアチア人・スロヴェニア人王国の全権が新国家全体の利害を代表していることが理解され、ギリシアがいち早く一月末に新国家を承認した。ついで、ノルウェーが、二月末にはスイスが承認した。五大国のなかでは、アメリカが二月七日に承認するに至った。ドイツとの講和条約を結ぶにあたり戦勝国側の結束を図る必要が優先され、四月末にはパリ講和会議でようやく新国家の全権団が正式に受け入れられ、セルビア人・クロアチア人・スロヴェニア人王国を承認する決定が下された。五月初めのヴェルサイユ条約最終草案では、それまでの「セルビア王国」という調印国名が「セルビア人・クロアチア人・スロヴェニア人王国」に変更された。イギリスとフランスは、六月初めに相次いで新国家を承認し、日本もこれに準じて承認した。六月末、ヴェルサイユ講和条約が調印された際、セルビア人・クロアチア人・スロヴェニア人王国という国名が初めて公式に使用された。

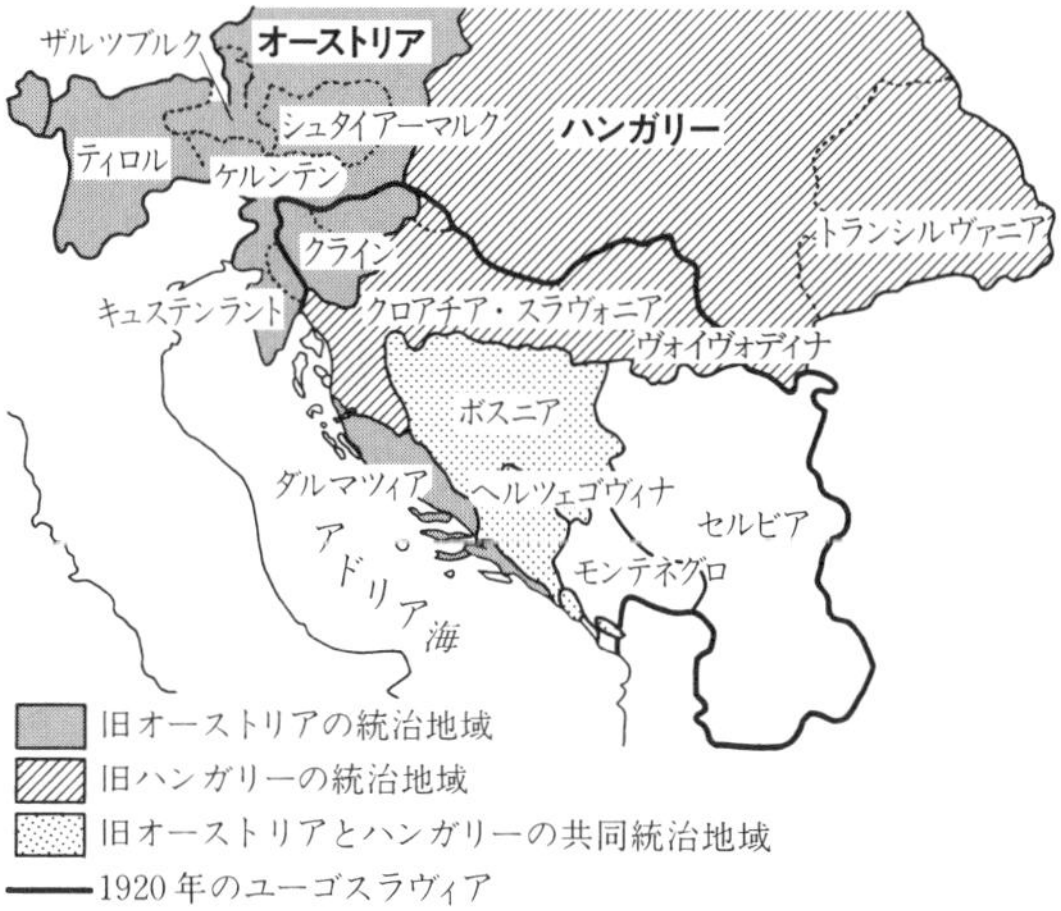

地図5　「第一のユーゴ」とその周辺国

民族自決の主体

「第一のユーゴ」は、歴史的文化的に異なる、さまざまな地域から構成されていた。ハプスブルク帝国が崩壊した結果、その支配下に置かれていた、厳密にはオーストリア支配下のスロヴェニア(クラインと、シュタイアーマルク、ケルンテン、キュステンラントそれぞれの一部)とダルマツィア、ハンガリーの支配下にあったクロアチア・スラヴォニアとヴォイヴォディナ、オーストリアとハンガリーの共同統治(軍事占領)下のボスニア・ヘルツェゴヴィナ、そしてセルビア王国とモンテネグロ王国からなり、セルビア王国のアレクサンダル公を国王とする人口一二〇〇万人の王国であった(地図5参照)。これまで見てきたように、「第一のユーゴ」はきわめて困難な国際環境のもとで、セルビアの政治エリートを中心として統一されたことは事実だが、重要なのは、外からの圧力で人為的に建国されたのでも、ロシアが征服により領土を拡大したように、セルビア王国が他の南スラヴ地域を征服することによって建国されたのでもなかったことである。

しかし、その後にわたって問題を残すことになるのは、この多民族からなる統一国家が、南スラヴという「単一民族」に民族自決権が承認されて築かれた「国民国家」とされたことである。

第一次世界大戦後にチェコ人地域とスロヴァキア人地域とが統一されて形成されたチェコスロヴァキアでは、実際には多民族国家だったにもかかわらず、「チェコスロヴァキア人」という「単一民族」の民族自決権が承認されたのと同様であった。チェコスロヴァキアの場合は、総人口一三〇〇万人のうち三〇〇万人を超えるドイツ人少数者が国内にいたので、チェコ人からもスロヴァキア人からも国家統合の主体として「チェコスロヴァキア人」という民族区分が便宜的にせよ、受け入れられる土壌があった。

これに対して「第一のユーゴ」の場合、南スラヴという民族区分は、歴史的経験や宗教や言語を異にするセルビア人、クロアチア人、スロヴェニア人にとって容易に受け入れられる概念ではなかった。戦間期に二度実施された国勢調査では、民族別調査は行われずに宗教別、母語別の調査が行われたにすぎない。二一年の国勢調査によると、正教徒が全人口の四七%、カトリック教徒が三九%、ムスリムが一一%であった。アメリカのユーゴスラヴィア研究者バーナッツはこの国勢調査に基づき、セルビア人三九%、クロアチア人二四%、スロヴェニア人九%、ボスニアのムスリム六%、マケドニア人とブルガリア人五%、ドイツ人四%、ハンガリー人四%、アルバニア人四%、ルーマニア人とヴラフ人(アルーマニア人が自称名。ルーマニア語系の言語をもち、近代においては山岳地での牧羊や商業活動に従事する)二%、南スラヴ以外のスラヴ人一%と推定している。

このように、本章冒頭で紹介したアダミックの「祖国」である南スラヴの統一国家は、様々な歴史的体験や異なる文化を持つ地域や民族からなる多様な国家であったため、国民統合が思うように進まなかった。南スラヴという「単一民族」はほとんど実体が伴わず、民族自決の主体のいない、擬制の「国民国家」であった。

二〇年一一月には憲法制定議会の選挙が実施された。この機会に結成された多くの政党は、こうした「第一のユーゴ」の特色を見事に反映している。地域や民族を越えた横断的な性格を持つ共産党を除くと、すべては地域政党か民族政党であり支持基盤が限定されていた。二一年六月には、採択された日の聖人ヴィトゥスにちなみ「ヴィドヴダン憲法」と呼ばれる初の憲法が制定された。この憲法は立憲君主制と中央集権制を特色とし、民主的な議会、西欧型の市民的自由などを規定するものであったが、「国民国家」の体裁を整えるため、これも実体とはかけ離れた単一の「セルビア・クロアチア・スロヴェニア語」を公用語と規定してもいる。新国家は、国王をシンボルとして国民統合を進めようとしたが、前途多難であった。

「クロアチア問題」

一九九一年六月にクロアチア共和国とスロヴェニア共和国の独立宣言が出されて、ユーゴ連邦は解体の道を進むことになる。両共和国とも即座に、「第二のユーゴ」といわれる戦後の社会主義体制を否定したが、それだけに止まらず、問題は「第一のユーゴ」の建国の是非にまでさかのぼらざるを得なかった。これはクロアチアの場合、とくに顕著であった。あとでもくわしく述べたいが、独立後の最近の初等学校や中等学校の歴史教科書の叙述は興味深い。クロアチアの歴史教科書が、統一国家の建国によってクロアチアの「国家性」を奪われたとしているのは特徴的である。

クロアチアには、ハプスブルク帝国が崩壊するなかで一八年一〇月に、クロアチア固有の領域からなる念願のクロアチア・スラヴォニア・ダルマツィア「三位一体王国」の創設を宣言しながら、同時にスロヴェニア人・クロアチア人・セルビア人国家の建国を認め、さらに当時の国際情勢からして、不本意ながらセルビア人・クロアチア人・スロヴェニア人王国の建国へ向かわざるを得なかったという歴史解釈が色濃く残されている。クロアチア人にとって、長い異民族支配のもとで保持してきたとする「国家性」はなににも代えがたい存在だったようである。そのため、「第一のユーゴ」において、セルビアのカラジョルジェヴィチ王朝による「国民国家」の形成は困難をきわめたのであり、「国家性」を求める「クロアチア問題」が継続することになるのである。

「クロアチア問題」は南スラヴの統一国家の中に、長年にわたり異なる歴史的経緯をたどってきたセルビア王国の領域とクロアチアの領域とが結びつけられることによって、必然的に引き起こされたといえる。一貫して統一国家の建国に反対していたクロアチア農民党は、一八年一二月に統一国家の建国が宣言された直後、治安維持のためにザグレブに入場していたセルビア王国軍に反対するデモを組織して、市街でこの軍隊と衝突した。その後も、クロアチア農民党党首のラディチはクロアチアの独立を要求して活動を展開した。こうした状況において、国王とセルビア人を首相とする統一国家の政府は懸命に上から国民統合を図ろうとした。そのため、二二年四月に「行政機構区分法」が制定され、「第一のユーゴ」は中央集権を前提として、セルビアやクロアチアやスロヴェニアといった民族名でもある地域名は使用せずに、全土が主要都市、例えばベオグラード、ザグレブ、リュブリャナといった名を付した三三の県(オブラスト)に区分された。

「国民国家」を形成しようとするあまり、統一国家の「多民族性」の認識は乏しく、したがって「クロアチア問題」は未解決のまま残された。外交官としてイスタンブルに勤務し、バルカンの情勢に多大な関心を持っていた芦田均は、一九三九年に書いた著書の中で、この統一国家について「ユーゴースラヴィアは、建国以来二十年の歳月を閲して、今なほ渾然たる一民族国家と考へることは、事実を無視する譏りを免れない」(芦田均『バルカン』)と記している。

4　進まぬ統合と「多民族性」の承認

セルビア中心の政治体制

「第一のユーゴ」は基本的にセルビア王国の統治機構を引き継ぐものであった。権力はベオグラードに集中し、セルビアの政治エリートが政府の中枢を占めた。戦間期のユーゴスラヴィア政治は安定性を欠いていたため、三九回も内閣の改造が行われた。首相はこれほど頻繁に変わったわけではないが、セルビア人以外で首相に就任したのはスロヴェニア人民党のコロシェツだけである。大臣についても、クロアチア人のトルムビッチが外務大臣に、コロシェツが内務大臣に就任したにすぎない。軍事大臣はすべてセルビア人であり、将軍の数もセルビア人が圧倒的に多かった。このため、反セルビア、反中央集権を明確に掲げたクロアチアの動きが突出し、「クロアチア問題」がクローズアップされることになった。

これに対し、スロヴェニア、ボスニア・ヘルツェゴヴィナのムスリム、モンテネグロ、マケドニア、そしてアルバニア人の政党や政治グループは、セルビア中心の政治体制になんらかの不満を感じていたにせよ、表立った反対運動を展開したわけではなかった。

例えば、スロヴェニア人政治家は統一国家の政府と結びつくことによって自らの利益を実現しようとした。ハプスブルク帝国のもとでいくつかの州に分散して住んでいた彼らにとって、統一国家はその垣根を取り払ってくれたのである。初等教育から大学教育までスロヴェニア語で行うことができるようになったし、なによりも統一国家のもとで、イタリアに残された五〇万のスロヴェニア人少数民族の問題を解決することが政治目標であった。スロヴェニア語とセルビア・クロアチア語は同じ南スラヴ系の言語ながら、二、三割程度しか相互の意志疎通ができなかったため、セルビア人が行政官として派遣されることはなく、スロヴェニア人は一定の自治を享受することができたのである。

ボスニア・ヘルツェゴヴィナのムスリムの場合も、統一国家の政府と結びつく傾向が強かった。ボスニア・ヘルツェゴヴィナでは、ハプスブルク帝国の統治下でもオスマン帝国時代の土地保有関係が持ち越されていたため、地主の九〇%以上がムスリムであった。統一国家にとって、土地改革は社会・経済的な緊急の課題であったが、この地方では同時に民族・政治的な側面を多分に持っていた。ムスリム地主は経済的な利害や宗教・文化上の特権を守ろうとして、政府に協力したのである。そのため政府の土地改革は不十分なものにならざるを得なかった。

一方、統一国家のなかで自らの王朝を廃したモンテネグロでは、セルビアと同一視される傾向が強まったため、これに反対してモンテネグロの自治を唱えるグループが大きな勢力となっていく。「南セルビア」と考えられていたマケドニアでも、セルビア化政策への反発がユーゴスラヴィア共産党(一九一九年に創設。階級闘争を唱えたことはもちろんだが、ユーゴを一つの地域と考え、民族色を排した唯一の政党)支持へ向かわせると同時に、ブルガリアの強い影響下にあったVMRO(内部マケドニア革命組織)が勢力をのばすことになる。セルビア人にとって「揺籃の地」とされるコソヴォでも、セルビア化政策が進められたため、住民の多数を占めるアルバニア人の反発を強めた。しかし、一九一九年に協商国側とオーストリアとの間に締結されたサンジェルマン条約により、少数民族の権利が保護され、公的には少数民族であるドイツ人、ハンガリー人、アルバニア人、ルーマニア人が、それぞれの言語で社会的サービスや教育を受けられるようになった。

国王による独裁

こうした状況において、政府は懸命に国民統合を進めようとした。先にふれたように、制度的には二二年の「行政機構区分法」により、全土が八〇万の人口を上限とする三三の県に区分され、国王の任命による県知事が置かれた。また少数民族の権利が一応保障され、各県の村レベルで地方自治が認められたが、重要事項の決定権は内務大臣の管轄下にある県知事に付与されており、制限つきの地方自治にすぎなかったといえる。この時期の最大の問題はやはりセルビア中心の集権主義勢力とクロアチアを中心とする連邦主義勢力との確執、いわゆる「クロアチア問題」であった。

こうした「クロアチア問題」の主役はクロアチア農民党である。クロアチア農民党は、一九〇四年にアントゥン・ラディチとスチェパン・ラディチの兄弟によって創設された。弟のスチエパン・ラディチを党首として、クロアチアの「国家性」の実現を主要な政治目的として掲げていた。ハプスブルク帝国のもとでは、帝国をドナウ連邦に再編することによって、自らの目的を達成しようとした。セルビア王国を中心とする南スラヴの統一国家建国については一貫して反対の立場を採り、広範な南スラヴ連邦内でのクロアチア共和国の創設を唱えた。

「第一のユーゴ」建国後、二〇年の憲法制定議会選挙でクロアチア人の大多数の支持を受けて第四党に進出すると、議会ボイコット戦術を採用して、独立したクロアチア共和国の形成さえ主張した。しかし、二一年に民主主義的体裁を整えた「ヴィドヴダン憲法」が制定されると、戦術を転換し、議会に出席して、野党勢力として統一国家内でのクロアチアの主権を要求した。スチェパン・ラディチは目的を実現するため、イギリスやフランスやソ連を訪問して援助を要請したが、思うような成果を上げることはできなかった。

加えて、彼は二四年にクロアチア農民党を共産主義者インターナショナル(コミンテルン)と関係する農民インターナショナル(クレスティンテルン)に加盟させたことにより、反政府活動の容疑で逮捕され、二一年に共産党の活動を非合法化した国家保護法(オブズナーナ)がクロアチア農民党にも適用されるにおよんだ。このため、ラディチは従来の政治方針の見直しを余儀なくされた。クロアチア農民党は野党連合から手を引き、二五年の議会選挙では第二党を保持したにもかかわらず、新たな党綱領を制定して政策の転換を図った。もはや連邦主義を前面に掲げることはせず、憲法の修正によってクロアチアの自治を求めることになる。

この後、ラディチはパシッチ率いる政府与党のセルビア急進党と協力したり、クロアチアのセルビア人を支持基盤とする独立民主党と連合したりした。二八年六月、議会の議事録にラテン文字を使うかキリル文字を使用するかで議論が白熱するなか、セルビア急進党議員ラチッチが国会内で発砲する事件が起き、ラディチはこの事件の犠牲となって八月に命を落とした。ラディチの政治姿勢は状況に応じて急変したため、彼の評価は大きく異なるものとなっている。確かなのは、セルビア急進党がセルビア人農民の多くを政治に引き込み、民族運動を組織化したのと同様に、クロアチア農民党はクロアチア人農民を政治に巻き込みクロアチアの民族運動を組織化したことであろう。

こうした混乱した事態のなかで、国王アレクサンダルは二九年一月に宣言を発し、時限的ながら独裁制を樹立して、議会の解散と「ヴィドヴダン憲法」の停止を命じた。三〇年代のバルカン諸国に共通して見られる国王による独裁政治は、それまでまがりなりにも機能してきた議会制民主主義の終焉を意味していた。国王独裁は議会制のもとで解決できなかった「クロアチア問題」に終止符を打つことを最大の目的として、強引に国民統合を図ろうとした。

地図6　1929年の州境界および1939〜41年のクロアチア自治州

二九年一〇月には、ユーゴスラヴィア意識を強化し、中央集権を徹底させるために従来の行政機構を再編する法律が出され、セルビアやクロアチアといった歴史的な境界線ではなく、川などの自然地理的名称による九つの大きな州(バノヴィナ)とベオグラード府に区分され、国名がユーゴスラヴィア王国と改称された(地図6参照)。バノヴィナという行政区分はクロアチアで古くから使われていた名称であり、明らかにクロアチア人への配慮が感じられる。ちなみに現在のクロアチア共和国の行政区分としては、ジュパニヤ[県]が使われている。

ラディチの後継者となったクロアチア農民党党首マチェクは当初、こうした国王による独裁制に好意を示した。しかし、全体としてはすぐに、個々の民族性が損なわれることを理由としてクロアチア人などの反発を招いただけでなく、立憲制が廃止されることに反対するセルビア人の間からも反発が生じた。結局、国王は三一年九月に新憲法を発布し、二院制の議会を復活して市民的自由を明記した。しかし、これらの自由は制限つきであり、独裁制のもとで制定された法律が依然として効力をもっていた。ユーゴスラヴィア統一主義（ユーゴスラヴィズム）に基づく国王による国民統合の道は容易ではなく、「クロアチア問題」は相変わらず潜在していた。

国王暗殺とクロアチア自治州の創設

ユーゴスラヴィア国内には、さまざまな政治的不満が表面化していた。とくに世界恐慌を契機として、農業中心のバルカン地域では、農業恐慌という形をとって三一年から進行していた経済危機が、三二年には頂点に達して農民の生活を直撃した。クロアチアでは、食糧を求める農民の暴動が発生した。この時期に、のちにナチス・ドイツの傀儡国家「クロアチア独立国」を担うことになるファシスト・グループのウスタシャが、ダルマツィアのリカ（クロアチアの南部、ボスニアとアドリア海沿岸部とにはさまれた地域）で初めて反乱を起こした。

ウスタシャの創設者パヴェリッチは弁護士であり、クロアチアの国家性の実現を掲げてクロアチアの独立を主張するクロアチア権利党(フランク派)の指導者であった。かれらは南スラヴの統一国家である「第一のユーゴ」建国には当初から反対していたが、当時のクロアチアの政治状況において、クロアチアの民族イデオロギーを前面に掲げるかれらの主張は、容易にクロアチア農民党に吸収されてしまい、大きな支持を得ることはできなかった。パヴェリッチは二九年にイタリアに亡命してムッソリーニのもとで活動を始め、テロを含むあらゆる手段を行使してクロアチアの独立を達成する目的で、イタリアやハンガリーでクロアチア人国外居住者の組織化に着手した。

ウスタシャが正式に創設されるのは三二年であるから、同年のリカの反乱は、かれらの論理からするとクロアチア民族蜂起の先駆けをなすものと位置づけられた。この反乱は当局の厳しい弾圧を受けて失敗するが、ウスタシャは三〇年代後半になると、ユーゴ政府が三七年三月にかれらの後ろ盾であるイタリアとのあいだに不可侵条約を、七月にはヴァチカンと政教条約を結んだので、ユーゴ政府との関係を強めていき、クロアチア農民党を脅かすほどの存在に成長する。

一方、クロアチア農民党は二七年に、クロアチア地方のセルビア人を支持母体とする独立民主党と「農民・民主連合」を結成しており、三二年一一月には、議会政治の回復と国王独裁の排除、「第一のユーゴ」国家の連邦的再編を内容とする「ザグレブ宣言」を出した。この宣言は、クロアチア人の多くが「クロアチア問題」を民主的な制度のもとで解決しようとすることを示していた。スロヴェニアの政党や、ボスニア・ヘルツェゴヴィナのムスリム政党はこの決議に賛意を示したが、セルビアの野党勢力との合意には至らず、国家再編成に向けての広範な勢力を結集することはできなかった。

国王アレクサンダルは国内に山積する困難な問題をかかえながら、対外的にはフランスに依拠しつつ、二〇年代に成立した小協商(チェコスロヴァキア、ユーゴスラヴィア、ルーマニア)に加えて三〇年代に成立したバルカン協商(ギリシア、トルコ、ユーゴスラヴィア、ルーマニア)により、ユーゴの安全保障体制を築いた。しかし三四年一〇月、パリへの外交訪問の途中マルセイユで、国王は仏外相バルトゥーとともに、ウスタシャとマケドニアのVMROの両テロ組織に属する一青年に暗殺されてしまう。

息子のペータルが王位を継承したが、まだ青年に達していなかったので、前国王のいとこのパヴレ公ら三人が摂政職に就いた。以後、パヴレを中心とする摂政時代が四一年まで続いた。パヴレは「第一のユーゴ」の存続にとって「クロアチア問題」の解決が最優先事であるとの認識に立ち、この問題に取り組む姿勢をみせた。さらに、三〇年代後半には、ドイツとイタリアの「現状打破」の行動が活発になり、ヨーロッパの国際情勢はいっきに緊張の度を強めた。パヴレにとって、国内の安定化が緊急の課題であり、クロアチア農民党のマチェクとは直接・間接の交渉が続けられた。

三九年三月、チェコスロヴァキアを解体したドイツが、独立スロヴァキア国家を建設したことは、ウスタシャに多大な刺激を与えた。この事件を契機として、四月にはパヴレから委任されたツヴェトコヴィチ首相が「クロアチア問題」を解決すべく、マチェクとの会談に臨んだ。両者はクロアチアに自治を与えることで合意するが、自治単位の領域や自治の権限をめぐって交渉は難航した。結局、八月にツヴェトコヴィチとマチェクとの間に「スポラズム(協定)」が調印された。

この結果、ザグレブを州都とするクロアチア自治州が創設された。自治州はクロアチア固有の領域と考えられるクロアチア、スラヴォニア、ダルマツィアに加え、ボスニア・ヘルツェゴヴィナの一部を含む広大な領域となり、「第一のユーゴ」において、総人口の約三分の一にあたる四四〇万人を擁することになる。自治州は自らの議会を持ち、知事(バン)が任命された。ユーゴスラヴィアの「多民族性」が部分的に認められたのである。

この結果、クロアチア農民党のマチェクはツヴェトコヴィチ内閣の副首相に就任し、政府にこれ以上の譲歩を迫ることはしなかった。しかし、ウスタシャはなおも分離主義を掲げ、クロアチアの独立を主張してクロアチア人に勢力を拡大していった。

一九九〇年に入って、クロアチア共和国がユーゴスラヴィアからの独立を宣言したことを契機に、クロアチア内のセルビア人が恐怖心を抱いて内戦に発展したことが想起されるが、クロアチア自治州の創設に当たっても、この地域のセルビア人は自らの存在そのものを否定されかねないという恐怖心を募らせた。

クロアチア以外の地域にも、「スポラズム」は大きな影響を与えた。セルビア、スロヴェニア、ボスニア・ヘルツェゴヴィナ、モンテネグロ、マケドニアにおいて、クロアチアと同様の自治を求める動きが見られた。こうして、「国民国家」であることの矛盾はだれの目にも明らかとなっていく。

第三章　パルチザン戦争とは何だったのか

パルチザン指導部，1944 年(右端チトー，
二人おいてカルデリ)

パルチザン戦争の評価

「第二のユーゴ」において、一一月二九、三〇の両日は建国記念日として最も重要な祝日であった。この両日は、一九四三年にパルチザン側で戦っている全土の代表が、ボスニア中部の町ヤイツェに参集し、第二回ユーゴスラヴィア人民解放反ファシスト会議(AVNOJ)を開催した日である。AVNOJの決議が「第二のユーゴ」の基礎にすえられたため、この会議は戦後ユーゴのすべての出発点と考えられてきた。それゆえ「第二のユーゴ」では、ナチス・ドイツをはじめとする枢軸軍に対して、果敢な抵抗運動を展開したパルチザンが神聖化される傾向さえ見られた。

九一年六月、スロヴェニアとクロアチア両共和国の独立宣言が出され、両国は独立へ向かって歩み始めた。この過程でクロアチアにおいて典型的にみられたのは、「第二のユーゴ」の存立基盤を否定し、自らのアイデンティティを中世にまでさかのぼって求め、あらたに歴史を作り上げようとする傾向であった。これにともない、ある種のパルチザン戦争の「相対化」がなされたことは確かである。

これまでパルチザンは、勇敢かつ自己犠牲に基づく献身的な人々の集団であり、清貧で品行方正といったイメージで描かれることが多かった。例えば、日本でも公開されたユーゴの映画を取り上げてみると、六〇年代から七〇年代にかけて制作された「パルチザン映画」がその典型であろう。『ネレトバの戦い』や『風雪の太陽』といった映画がそれであり、ファシスト・ドイツに対して戦う勇敢なパルチザンの姿が描写されていた。

これに対して、サラエヴォ出身の映画監督で『パパは、出張中!』についで、九五年に二度目のカンヌ映画祭グランプリに輝いたクストリツァの作品『アンダーグラウンド』では、従来とはかなり異なる「人間くさい」パルチザンが登場する。愚直でお人好し、酒と博打《ばくち》と女性に目がなく、血の気が多く愛国心が人一倍強い、典型的なセルビア人がパルチザンに加わる様子がよく描かれている。実際、パルチザンに加わった多くの人たちの動機は、指導的な役割をはたした共産主義者とは異なり、社会主義の実現というヴィジョンではなく、眼前の占領軍の統治に対する愛国主義に基づく反発であったといえよう。

このような人たちが加わったパルチザン戦争とは何であったのだろうか。「第二のユーゴ」時代の公式見解は反ファシズム人民解放戦争であり、パルチザンを中心とする愛国主義的で進歩的な反ファシスト勢力と、占領軍やその協力者(クロアチアのウスタシャ、後述するセルビアのチェトニクなど)とのあいだの戦争というものであった。こうしたパルチザン戦争の性格づけは、善玉・悪玉の二分法に基づく「パルチザン映画」に反映されており、歴史研究の分野でも七〇年代初めまで続いた。

しかし、これ以後の歴史研究においては、パルチザン戦争は三つの性格を持っていたとされるようになる。ひとつは占領軍や対敵協力者からの解放を求めるゲリラ戦であり、ふたつは民族相互の内戦であり、三つには社会変革の性格である。パルチザン戦争はこれら三つの性格が複雑に交錯していたと見なされている。

その後、ユーゴスラヴィアの解体過程で内戦が展開され、先にふれたようにスロヴェニアやクロアチアでは、パルチザン戦争に対する関心がいちじるしく希薄になった。国家の資産や負債を含めて「第二のユーゴ」の継承を主張する新ユーゴ(正式名称はユーゴスラヴィア連邦共和国)のセルビア共和国においてのみ、歴史研究者や政治家のあいだでパルチザン戦争についての性格づけが問題にされた。クロアチア内戦やボスニア内戦との関連で、パルチザン戦争の内戦としての性格、および対敵協力者すなわちチェトニクや「セルビア救国政府」の行動は、歴史的現象として是認できるのか否かが問われたのである。しかし、モンテネグロとセルビアがそれぞれ独立国となった現在、セルビアでは「歴史修正主義」の動きが顕著になり、対敵協力者たちの名誉回復が進んでいる。

第二次世界大戦はユーゴ各地で人々の分断を生んだ。クロアチアではウスタシャと「クロアチア独立国」の評価、スロヴェニアでは郷土防衛隊(ドモブランツィ)の評価は、避けて通ることのできない問題である。戦後、「第二のユーゴ」において、こうした問題が国民レベルで十分に議論されず、〝内面化〟されてこなかったことが、ユーゴの解体へつながった大きな要因だと思われる。ドイツやオーストリアで進行した「過去の克服」はユーゴ諸国においても必須の課題であろう。

1　ユーゴスラヴィアの分割

枢軸軍の占領

一九四〇年に入ると、ユーゴを取りまく国際環境は極度に悪化した。ナチス・ドイツのヨーロッパ進撃が開始されていたからである。バルカン地域においては、アルバニアを支配下においたイタリアが一〇月にギリシア攻撃に着手した。一一月には、ルーマニアとハンガリーが相次いで三国同盟(ドイツ、イタリア、日本)に加わり、翌四一年三月にはブルガリアが三国同盟入りした。ギリシアを除く近隣諸国がすべて枢軸国（ドイツ、イタリア）の影響下に置かれるなか、ユーゴの首相ツヴェトコヴィチも四一年三月、ついにウィーンで三国同盟に加入した。

しかし、ユーゴの場合、調印の知らせが国内に伝わると、首都のベオグラード、セルビアの工業都市クラグエヴァツ、スロヴェニアの中心地リュブリャナをはじめとする各地の住民は、三国同盟加入に反対の意志表示に立ち上がり、共産党員を含む広範な人々のデモが多発した。各地の住民約一〇万人は、「裏切り政府は出て行け」「条約より戦争を」「隷属より墓場を」「ソ連との同盟を結べ」といった要求を掲げて街を練り歩いた。

こうした状況において、三月二六―二七日の夜半、ユーゴスラヴィア王国軍のシモヴィチ将軍を中心とする親西欧派将校団のクーデタが成功する。さっそく、シモヴィチを首班とする内閣が形成され、政策の面でも独裁的な政治手法の点でも、評判のよくなかった摂政のパヴレ公が廃され、ペータル二世が親政を開始した。このシモヴィチ政府は三国同盟への加入を正式に破棄することもせず、一方で四月五日にはソ連と友好不可侵条約を結ぶなど曖昧な姿勢を示した。ドイツ軍の報復攻撃についても楽観的な予測をしており、シモヴィチ首相は四月六日の日曜日に娘の結婚式を予定していたほどであった。

これに対して、四月六日、ドイツ軍は爆撃機四〇〇機と戦闘機二〇〇機をもってベオグラー

地図7　分割された「第一のユーゴ」

ド攻撃を開始した。王宮、軍事省、最高司令部の建物、駅、発電所、放送局を手始めに、町中が爆撃を受けた。これと同時に、ドイツ軍機甲部隊がユーゴ北部国境とブルガリア西部地域から侵入し、イタリア軍、ハンガリー軍、ブルガリア軍も侵攻を始めた。シモヴィチ政府の情勢分析の甘さがいっきょに表面化するとともに、強大な軍事力を備えた枢軸軍を前にしてユーゴ王国軍の貧弱な軍備もさることながら、軍隊としてのその基盤の弱さが露呈した。例えば、ユーゴ王国軍のクロアチア人将校の多くは、四月一五日に「クロアチア独立国」の創設が宣言されると王国軍を離れてしまった。ユーゴ王国軍は反撃を加える間もなく、四月一六日には降伏するに至った。シモヴィチ政府は国王ペータル二世とともに国外へ脱出し、この結果、ユーゴは枢軸軍の手で分割されることになる(地図7参照)。

セルビアはドイツの直接軍政下に置かれ、戦前の軍事大臣ネディチを首相とする「セルビア救国政府」が設置された。スロヴェニアはドイツとイタリアの手で折半され、モンテネグロとダルマツィア海岸部はイタリアの施政下に置かれ、マケドニアの西部とコソヴォはイタリア占領下のアルバニアに組み込まれた。

一方、クロアチア、スラヴォニア、ボスニア・ヘルツェゴヴィナが「クロアチア独立国」として、日本も含めた枢軸国側から承認された。この領域は一一世紀の中世クロアチア王国の最大版図とされるクレシミルの統治期の領土とほぼ同じであった。イタリアから帰国したファシスト集団ウスタシャの指導者パヴェリッチを、ムッソリーニに与えられた称号「ドゥーチェ(指導者)」に相応する「ポグラーヴニク」とする傀儡政権が形成された。また、ハンガリーとブルガリアもそれぞれ自国と接するバチュカ、バラーニャとマケドニアの東部を占領した。

ロンドンの亡命政権

ポーランド、チェコスロヴァキア、ギリシアの亡命政権と同様に、ユーゴの亡命政権もロンドンに樹立された。この亡命政権はユーゴ国内が枢軸軍によって占領されるという事態に直面して、戦前の「スポラズム」期（七八頁参照）の主要政党すべてを糾合し、国家としての統一を連合国側に示すために形成された連立政権であった。そのため、クロアチア最大の政党であるクロアチア農民党も参画していた。連立政権に加わっている政党の政策は大きく異なっており、政党の寄せ集めの色彩が強く、見かけとは違って政権の基盤はきわめて弱かった。加えて、首相のシモヴィチは政治的な経験に乏しく、政治家だけでなく政党政治そのものをも信用しない傾向が強かったのである。

こうした亡命政権は存立の法的基盤を一九三一年九月の憲法に置いていた。それゆえ、閣僚は相変わらず国王にのみ責任を持つことになっていた。国王が主権者であり政治的中心であったが、一七歳の国王ペータル二世には肩の荷が重かった。そのため、亡命政権内の対立が表面化してしまう。戦争の長期化と外国軍の占領という事態に直面して、国土の解放に全力を傾けるために、内政問題は棚上げにして挙国一致で事にあたることが亡命政権にとって共通にみられる了解事項であった。しかし、ユーゴの亡命政権においては、民族対立を棚上げにしておくことはできなかった。

亡命政権内にはクロアチア人とセルビア人との対立が持ちこまれてしまい、両者の対立は絶えまなく続いた。ここでも、「クロアチア独立国」の創設は大きく影を落とした。この国家形成に続き、四一年の夏にセルビア人の大量殺害が行われると、セルビア人の反クロアチア感情が増幅され、これが亡命政権内のセルビア人閣僚にも影響を与えた。一方、亡命政権内のクロアチア人閣僚はユーゴ王国という立場からではなく、もっぱらクロアチア民族の代表という立場から行動した。さらに、クロアチア人閣僚は多数決による政府決定を受け入れる必要はないと主張して、いわば亡命政権内で「拒否権」さえ獲得するのである。

四二年一月、シモヴィチは解任された。かれが唱えるユーゴ統合政策は形を変えたセルビア中心主義にすぎないとして、とくにクロアチア人に不評であったからである。新首班にはセルビアの著名な歴史家ヨヴァノヴィチが任命された。ヨヴァノヴィチはセルビア人民族主義者の集団チェトニクの支持者であったため、この政権はチェトニクをユーゴ国内の抵抗運動の担い手と見なして密接な関係を保ち、四二年一月にはチェトニクの指導者ミハイロヴィチを軍事大臣兼「ユーゴ王国国内軍」の総司令官に任命している(チェトニクについては九六頁参照)。

「クロアチア独立国」と人種政策

ドイツは占領下に置いたユーゴ国内の民族対立を利用して、民族分断統治を試みた。一九三九年に創設されたチェコスロヴァキアの「スロヴァキア独立国」と同様に、「クロアチア自治州」の領域をさらに拡大し総人口六五〇〇万人の「クロアチア独立国」(クロアチア人三三〇万、セルビア人二〇〇万、ムスリム七〇万人など)をつくり、承認したのである。

こうしたドイツの政策のもとで、クロアチア人の長いあいだの民族的願望であった「大クロアチア」が実現した。ドイツは国内に留まったクロアチア農民党党首マチェクにクロアチアの傀儡政権を担当するよう要請した。マチェクはこの要請を退けたが、占領軍に反対せず政府に協力するようにクロアチア人に呼びかける宣言を出している。クロアチア農民党はドイツに対する積極的な抵抗姿勢をとったのではなく、のちに述べるチェトニクと同様に、連合国軍や亡命政権に期待をかけ、待機主義の姿勢を示していたといえる。

結局、イタリアが強くおしていたウスタシャの「ポグラーヴニク」パヴェリッチが傀儡政権を形成した。パヴェリッチはヒトラーと同様の人種政策を進め、「純粋なクロアチア人」の国家を建設するため、ユダヤ人狩りやロマ(ジプシー)狩りと同時に「セルビア人狩り」といった「民族浄化」に着手した。「クロアチア独立国」内に約二〇〇万人も居住していた政敵セルビア人は、「劣等で危険な人種である」という宣伝が行われていった。しかし、クロアチア人とセルビア人とを外見から区別することはできないし、言語の上でもほとんど違いはない。明確な違いは宗教と使用する文字だけであった。

そのため、セルビア人を象徴するセルビア正教会はその民族意識を保持する存在だとされた。セルビア正教会は弾圧され、セルビア人が使うキリル文字は禁止の対象となった。かれらは正教徒を意味する「プラヴォスラヴァッツ」という言葉の頭文字Pをしるした青い腕章をつけなければならなかった。こうして、国家権力を背景に大量虐殺が実施されていく。

ナチス・ドイツにとって、テロと大量虐殺が「第三帝国」を保持するために必要であったように、「クロアチア独立国」の保持にとっても、テロと大量虐殺は必要と考えられた。この点で、両者は共通している。しかし、両者のテロには大きな相違点も見られた。ナチスはもっぱら自らのイデオロギーに従ってテロを行使したのに対し、ウスタシャは個人的な恨みを晴らすためにテロを行うといった側面が強かったようである。セルビア人に向けられたウスタシャの残虐行為が、セルビア人の多くをパルチザン参加へと促すことにつながる。

ドイツに対する果敢なパルチザン戦争が展開されるユーゴでは、第二次世界大戦期に犠牲となった死者の数は約一〇〇万人(五二頁参照)とされている。六〇〇万の犠牲者の大半がドイツ軍の手で殺害されたポーランドの場合とは異なり、ユーゴの場合ドイツ軍の手で殺害された犠牲者の数は少なく、大部分がセルビア人とクロアチア人との「兄弟殺し」によるものであった。

一九九二年に始まるボスニア内戦において、とくにセルビア人勢力による「強制収容所」の存在が問題とされたが、第二次世界大戦期に「クロアチア独立国」でウスタシャに逮捕され、強制収容所で殺害されたセルビア人犠牲者の数はかなり多い。一九九一年秋のクロアチア内戦当時、クロアチアとセルビア双方がマスメディアによる宣伝合戦を展開した。セルビア側は、約六〇万人のセルビア人が殺害されたという「クロアチア独立国」の典型的な強制収容所ヤセノヴァツ（クロアチアの中部、サヴァ川沿いの町）に関する写真や資料を、連日のようにメディアにのせた。一方クロアチア側は、チェトニクやパルチザンによるクロアチア人に対する残虐行為を暴きたてた。

第二次世界大戦期の犠牲者数についてはいくつもの説がある。ナチス・ドイツの一高官によると、「クロアチア独立国」内で殺害されたセルビア人の数は七五万人とされる。信頼できるデータとして、ダルマツィア出身で戦後、サンフランシスコ州立大学で経済史を教えたトマセヴィチは、ヤセノヴァツでの犠牲者数が八万三〇〇〇人、その他の「クロアチア独立国」の強制収容所でのそれは一二万人としている。また、クロアチアが独立する直前の一九九〇年から九九年まで大統領であったトゥジマンは、セルビア人だけでなく、ウスタシャに反対したクロアチア人、ロマ、ユダヤ人を含めて約六万人と記している。

五四年に反社会主義的・自由主義的な言動をとったとして副首相を解任され、共産党から追放されたジラス(数度逮捕され、その後『新しい階級』などの言論活動で反体制作家として知られ、九五年にベオグラードで死去)の息子で、社会学者のA・ジラスは、最近の実証的な研究に即して、殺害されたセルビア人犠牲者数は三三万四〇〇〇人と推定する。実に「クロアチア独立国」内セルビア人の六人に一人が殺されたことになる。

これに対し、そもそもは枢軸軍に対する抵抗運動の組織として活動を始めたが、セルビア主義的色彩が濃厚なチェトニクは、ウスタシャに対抗して、クロアチア人やムスリム攻撃を繰り返した。ユーゴ全土で殺害されたクロアチア人は二〇万七〇〇〇人、ムスリムは八万六〇〇〇人と推計されている。

2 パルチザン戦争の展開

チェトニクとパルチザン

このように、第二次世界大戦期のユーゴでは民族相互の殺し合いが展開された。こうした忌まわしい記憶は、民族の平等を掲げるパルチザンが抵抗運動に勝利を収め、戦後、社会主義体

年表 3　第二次大戦中の動向

	ユーゴスラヴィア	ヨーロッパ
1939 年		独ソ不可侵条約締結 ドイツ，ポーランドに侵攻．第二次世界大戦始まる(～45)
40 年		ルーマニア，ハンガリー，三国同盟加入
41 年	ユーゴ，三国同盟加入 三国同盟加入に反対するクーデタ成功 枢軸軍，ユーゴを分割・占領 二つの抵抗運動，チェトニクとパルチザンが活動開始 「クロアチア独立国」創設	ブルガリア，三国同盟加入 独ソ開戦
42 年	ビハチで第一回 AVNOJ 開催	
43 年	イギリスの連絡将校，パルチザン最高司令部へ派遣 ヤイツェで第二回 AVNOJ 開催	イギリス，パルチザンを承認 イタリアの降伏 テヘラン会談
44 年	チトー＝シュバシッチ協定 ベオグラード解放	英ソ，バルカン諸国に関する勢力圏取り決め
45 年	民主連邦ユーゴスラヴィア成立 憲法制定議会選挙 ユーゴスラヴィア連邦人民共和国建国	ヤルタ会談

制のもとで民族の平等に基づく連邦制が敷かれることによりいったん後退していくことになる。

それについては後述することにして、ユーゴの抵抗運動はまず、ユーゴ王国軍の降伏を承認しないセルビア人将兵中心の集団チェトニクにより組織化がはかられた。ミハイロヴィチの率いるチェトニクは、四一年五月頃からセルビア西部のチャチャクとヴァリェヴォ間のラヴナ・ゴーラ山中で抵抗運動を組織化し始めた。等しく蓄えたひげを特徴とするセルビア人の組織であり、戦前からの「大セルビア」的傾向がはっきりしていた上に、連合国軍の救援を期待し、組織の温存・拡大を第一義とする待機主義を掲げて、ドイツ軍と戦うのを極力避けた。こうした姿勢で臨めば、確かに人的・物的な犠牲は最小限に抑えられる。しかし、占領軍に対する強い憤りからすぐさま闘いを始めようとする人々のエネルギーを吸収することはできなかった。結局、チェトニクはドイツ軍と戦うどころか、下部組織からドイツ軍と協力関係を結ぶようになり、内部から崩壊してしまうのである。

一方、約一万二〇〇〇人の党員(パルチザン戦争で九〇〇〇人が死亡)からなるユーゴ共産党は、枢軸軍の侵攻に対して抵抗の姿勢は示したものの、独ソ不可侵条約の存在に影響され、具体的な反ファシズム抵抗運動を展開できないでいた。しかし、四一年六月二二日に「バルバロッサ」と称されるドイツ軍の対ソ攻撃が開始されると、情勢は大きく変化する。同日、ユーゴ共産党中央委員会の政治局会議がベオグラードで開かれ、占領軍に対する武装蜂起こそ最良の行動であるとの決議が出されるや否や、すぐさま武装蜂起が全土で呼びかけられた。六月末には、チトー（一八九二―一九八〇、本名ヨシプ・ブローズ）を最高司令官とするユーゴスラヴィア人民解放パルチザン部隊（のちに、ユーゴスラヴィア人民解放軍およびパルチザン部隊と改称）の最高司令部が設置された。こうして、七月から八月にかけてセルビアをはじめ各地で一斉蜂起が行われ、パルチザン部隊が結成された。

九月に入ると、チトーをはじめとする共産党政治局と最高司令部は、活動が困難になりつつあったベオグラードを去り、解放地区となっていたセルビア西部へ移動した。その後、かれらは四四年一〇月まで、ベオグラードへ戻ることはできなかった。セルビア西部の町がつぎつぎと解放されていくなかで、九月二六日にはストリツェという村で、マケドニア地方を除く全土のパルチザン部隊の指揮官会議が開催された。この会議でパルチザン部隊の整備がなされ、中央の最高司令部のもとに、自主的な指令の出せる総司令部を各地に創設することなどが決定された。軍事面での「分権化」は効果を現し、セルビア西部全域が解放されていく。

このように、チトーを指導者とするパルチザンは、政党が民族別や地域別に組織されていた戦前のユーゴにおいて、非合法ながら唯一全国規模の広がりを見せていた共産党が中心となって、組織化されていった。赤い星の記章に象徴されるパルチザンは厳格な規律に従い、当初から軍事組織をつくり、武器の不足を敵の部隊から奪うことによって補い、果敢に戦闘を続けた。人口の圧倒的多数を占める、貧しく零細な農民たちに対して戦後の土地改革を語り、イデオロギーや民族や宗教や言語の違いを越えて、ユーゴの解放のために敵と戦う必要性を訴えかけたのである。

「クロアチア独立国」においても、パルチザンの組織化は進められた。ドイツの傀儡政権を担うウスタシャは決して広範な政治的支持を得ていたわけではなく、クロアチア農民党が依然として農民のあいだに深く入り込んでいた。しかし、クロアチア農民党は先にふれたように、待機主義の方針を採った結果、パルチザンの組織だけがウスタシャの報復を恐れずに抵抗運動を展開することになる。同胞同士の激烈な戦いのなかで、しだいにパルチザンが民族や宗教を越えて、農民を中心とした支持を拡大していく。

新たな権力機関の創設

この対独戦争は、解放戦争としての意味合いからパルチザン戦争と呼ばれるものだが、そこには内戦の色彩も強かった一方で、社会変革を求める闘いの側面もあった。四一年七月から八月にかけて、ユーゴ共産党の指示により全土で枢軸軍に対する一斉蜂起が展開されるなか、解放された地区で自発性の強い権力機関がさまざまな形で作られていった。

こうした機関、すなわち人民解放委員会が初めて形成されたのは、四一年七月二一日、モンテネグロの一斉蜂起のさなか、ベラネ郡の住民集会においてであった。この人民解放委員会はユーゴ王国時代の行政機関すべてを否定して、郡の最高行政機関として新たな役割を担うことになる。また、この人民解放委員会は、郡より下部の行政組織であるオプシュティナ（コミューン）や村々にも人民解放委員会を作ることを決議している。当時の地方行政組織の各レベル――村、オプシュティナ、郡（県、地方）、州――によって一様ではないが、人民委員会がそれぞれに形成されていった。

例えば、セルビアでは九月五日に西部のクルパニ郡でユーゴ王国時代の地方行政機関が倒され、人民解放委員会の創設が宣言された。スロヴェニアでは、反ファシズムを掲げた広範な人々からなる、スロヴェニア人民戦線の最高会議が九月一六日に開催され、この人民戦線がスロヴェニア人民解放委員会に再編成された。これを受けて、スロヴェニアでは人民戦線の各レベルの機関が新たな権力機関の役割を果たすことになる。このように形態はさまざまだが、解放地区では王国時代の行政機関が廃止され、新しい権力機関が形成されていった。

チトーが最高司令部を設置していたセルビア西部の町ウジツェでは、九月末にセルビア人民解放委員会が創設され、学校が再開されて党機関紙『ボルバ(戦闘)』が発行された。この解放地区は「ウジツェ共和国」と称され、パルチザン運動の象徴的な地域となった。「第二のユーゴ」時代には、こうした人民解放委員会が自主管理社会主義の基礎であると主張された。つまり、各地に点在していた解放区にあって、それぞれの人民解放委員会は統一的に活動することができず、自らの判断によって決定し、行動しなければならなかった。ここから、自主管理の思想が芽生えたとされたのである。

民族・地域を越える赤い星

四一年秋の時点で、占領軍に対する抵抗運動を展開していたパルチザンとチェトニクは、共同行動をとろうと試みている。四一年九月、セルビア西部に移動したパルチザンは、同地方のラヴナ・ゴーラを拠点として抵抗運動を組織化していたチェトニクと、接触をもった。

チトーはストルガニク村で、ミハイロヴィチと初めて統一行動について話し合いを持ったが、待機主義の方針を採るミハイロヴィチと一致点を見いだすことができなかった。一〇月末に、両者の会談がブライチ村でふたたび行われ、今度は統一行動に関して一定の合意に達した。パルチザンがウジツェを解放し、ドイツ軍がここを撤退する際、日に四〇〇丁の銃と大量の武器を生産できる兵器工場を残していったので、パルチザン側からチェトニクに一五〇〇丁の銃が提供された。また、両者のあいだで解放区を自由に往来できることも取り決められた。しかし、最高司令部を統一して、枢軸軍に対する全面的な戦いを起こそうとするパルチザン側の主張は受け入れられなかった。

当時、イギリスからの使節団がチェトニクのもとに到着し、パルチザンとの協力を差し控える旨の意向を伝えたこともあり、チェトニク側はパルチザンとの対立を深めることになる。他方ドイツは、親英的で連合国側にあったチェトニクを自らの陣営に引き入れようとして、一〇月末頃からチェトニクに武器援助の用意のあることを再三伝えている。実際、チェトニクはイタリア軍の援助のもとで、モンテネグロ、ボスニア・ヘルツェゴヴィナ、ダルマツィアにチェトニク部隊を作り上げていった。こうして、チェトニクはじょじょにドイツ軍とも行動をともにして、パルチザン部隊と戦うことになる。

四一年一〇月末から一一月にかけて、一時撤退していたドイツ軍が大規模なパルチザン攻撃に着手した。この時の攻撃は第一次攻勢と呼ばれるが、以後、四四年五月に至るまで同様の大規模な攻撃が七度にわたって展開された。結局、ウジツェは激しい空爆と機甲部隊の攻撃を受けたため、パルチザンはここを離れて、セルビアとボスニアの境界にあたる山岳地帯に撤退せざるを得なかった。

四二年に入っても、容赦のないドイツ軍の攻撃が続けられた。ボスニア東部に退去したパルチザンは、フォチャに最高司令部を移した。さらに、ドイツ軍の攻撃が加えられ、パルチザンはボスニアの山岳地を逃げ回る最悪の状況下にあって、繰り返しソ連に武器と医療品の援助を求めた。これに対して、連合国の一員であったソ連は、直接国境を接していないユーゴの問題に、英米との歩調を崩してまで介入する意志はなく、相変わらずチェトニク支持を掲げていた。そのため、パルチザンの要求に対しては、「技術的困難」を理由として拒否したのである。このことが、戦後のソ連とユーゴの関係においてしこりとなったことは否めないであろう。

パルチザンは退却を重ねつつも各地で抵抗の精神を植えつけ、その数をしだいに増していった。態勢を整えると、パルチザンはボスニア西部へと歩を進めた。そして四二年一一月、ビハチ(九二年に始まるボスニア内戦の過程で、日本人女性リビッチ郁子さんが住んでいた地方としてもマスコミを賑わせたところ)を手中に収めて、最高司令部を設置した。

さらに、パルチザン側はボスニアやモンテネグロの山岳地帯を転々として、先にふれた映画『ネレトバの戦い』や『風雪の太陽』に描かれたような苦しい抵抗運動を展開しながら(地図8

地図8　パルチザンの拠点の移動と解放区(1943年末)

参照)、多くの農民の支持を取りつけた。それだけでなく、態度決定を保留していた知識人の多くも、一九四三年までにはパルチザン支持を表明する。

解放区が初めは点の形で築かれ、じょじょに線につながる。それぞれの解放区では住民集会で人民解放委員会がつくられ、独自の判断でふるい行政機構が否定されていった。赤い星をつけた人々を中心とする人民解放委員会のもとで、旧来の民族や宗教を基盤とした偏狭な社会関係が大きく変質した。

この時点で、社会変革がなされたことは確かだが、現時点から考えてみると、こうした変革を支える「パルチザン精神」が戦後の社会主義社会でも国民すべてに共有され得ず、ユーゴを取りまく国際環境が緩むにしたがって風化していき、それをくい止める方策を打ちだせなかったことは大きな問題であった。このことは、のちに詳しく見ていきたい。

3 「第二のユーゴスラヴィア」の基礎

「多民族性」の承認

四二年一一月、チトーはビハチを手中に収めた段階で、各地の人民解放委員会を結集した最高権力機関を創設する基礎固めのため、全土の代表をビハチに招集した。こうして、第一回ユーゴ人民解放反ファシスト会議(AVNOJ)が開催された。この時期、ソ連は英米への気遣いから、ユーゴに新たな最高権力機関を作る必要のないこと、国王と亡命政権に公然たる攻撃を加えないことをチトーに求めていたので、第一回AVNOJではあらゆる手段を尽くして枢軸軍と戦う意志を内外に知らせることが第一義とされ、社会変革についてはふれられなかった。

しかし、AVNOJの闘争宣言は連合国側の強い関心を引いた。この結果、イギリスはチェトニクを支持していた自らの姿勢の再検討を迫られ、四三年五月になるとようやくパルチザンのもとに軍事使節団を派遣することになる。パルチザン最高司令部のチトーらと行動をともにした連絡将校の報告に基づき、結局、イギリスはパルチザン支持を表明した。

パルチザンに対する国際的な評価が好転することに加えて、九月にはイタリアが降伏したため、パルチザンにとって戦況はより有利にはなったが、山岳地帯を逃げまわる状態はまだ続いた。パルチザンはドイツによる集中的な攻撃をその都度かわし、抵抗運動をほぼ独力で闘い抜く。連合国側がパルチザン支持を正式に決定することになった、英米ソ首脳によるテヘラン会談と時を同じくして、四三年一一月に第二回AVNOJが開かれた。ここでの決議が戦後「第二のユーゴ」の基礎を築いたのである。

いくつもの滝に恵まれた、ボスニア中部の美しい町ヤイツェで開かれたこの会議の「宣言」において、AVNOJがユーゴ最高の立法・執行機関であること、新しい権力機関としての性格を持つユーゴ解放全国委員会と呼ばれる行政府を形成すること、ロンドン亡命政府のあらゆる権利を否定することが規定された。この他に採択された諸決議では、国王ペータル二世の帰国禁止、新国家建設にあたり連邦制を採用し、民族平等の原則を貫くことが表明される。

パルチザン勢力の中心であったユーゴ共産党は一九一九年の創設当初、ユーゴは単一民族国家であり国内に民族問題は存在しないとの立場を採っていた。しかし、戦間期を経過してその民族政策を変えるにいたっている。四〇年一〇月にザグレブで開催された第五回全国協議会で、ユーゴの「多民族性」を認め、少数民族を含むすべての民族の平等を実現することが重要な課題の一つだとして、マケドニア人とモンテネグロ人の民族自決権、およびボスニア・ヘルツェゴヴィナの地域としての一体性を初めて承認した。

この具体化が第二回ＡＶＮＯＪの「連邦制の原則に基づくユーゴの建設に関する決議」である。ユーゴ全土の代表からなる立法機関が採択したこの決議により、国内の「セルビア人、クロアチア人、スロヴェニア人、マケドニア人、モンテネグロ人の完全な同権、すなわちセルビア、クロアチア、スロヴェニア、マケドニア、モンテネグロ、ボスニア・ヘルツェゴヴィナの諸民族の完全な同権」が正式に認められた。

国際的承認

ＡＶＮＯＪにとって、連邦制の原則など国内の政治的な基盤を整えることは重要なことであったが、もうひとつの緊急課題は新生ユーゴの国際的な承認を得ることであった。ロンドンの亡命政府はこの第二回ＡＶＮＯＪの決議によって国内の基盤をなくし、その地位を急速に失ってしまった。

四三年のテヘラン会談において、連合国はパルチザンに対する正式な援助を決定していた。

しかし、イギリスのチャーチル首相はユーゴの戦後構想として、亡命政権との連立政権案を、チトーを議長とするユーゴ解放全国委員会に提示する。全国委員会はこの妥協案に強く反発したが、米ソとも賛成の意を表明していたこともあり、一時的な妥協をした。四四年六月、全国委員会議長チトーと、戦前のクロアチア知事（バン）を務めた経歴を持つ亡命政府の首相シュバシッチとのあいだに協定が結ばれ、チャーチルの構想が一歩実現に近づいたかに見えた。

国際的承認という難題をかかえつつ、パルチザンはさらにドイツ軍の激しい攻撃を受けて、四三年末に最高司令部をヤイツェからボスニア西部のドルヴァールに移動し、四四年六月にはアドリア海のヴィス島に移さざるを得なかった。しかし、一〇月に入るとソ連軍との合同作戦が展開され、同月二〇日にはベオグラードが解放され、ついで全土がつぎつぎに解放されていった。連立政権の問題は依然として続いていたが、全国委員会は国際的承認を最優先の問題だと考え、連合国側のチトー＝シュバシッチ協定の実施勧告に従った。こうして四五年三月、チトーを首班とし、亡命政府の代表三人を含む民主連邦ユーゴスラヴィア臨時政府が形成され、国際的承認を受けることができた。

その後、一一月に政党別方式ではなく、単一候補者名簿方式の憲法制定議会選挙が実施され、共産党を中心とする人民戦線が圧倒的な支持を受ける結果となり、ユーゴスラヴィア連邦人民共和国の建国が宣言された。ユーゴに関するチャーチルの戦後構想は完全に打ち砕かれてしまったのである。

一九四六年一月には、一九三六年のスターリン憲法に範をとったユーゴスラヴィア連邦人民共和国憲法が発布され、社会主義体制下で連邦制の原則に基づく「第二のユーゴ」が発足することになる。

第四章　戦後国家の様々な実験

——連邦制・自主管理・非同盟——

非同盟運動を準備するナセル，チトー，ネルー（1956年7月）

社会主義的統合と分権化

戦後に形成された「第二のユーゴ」は「ＡＶＮＯＪのユーゴ」あるいは「チトーのユーゴ」といった呼び方もされる。たしかに戦後のユーゴはチトーなしには考えられない。

一九三七年末にユーゴ共産党の書記長に任命されたチトーは、知識人が多くを占める当時の共産党指導部にあって、数少ないたたき上げの労働者のひとりであった。理論や教養を先行させるのではなく、実生活や体験のなかから理論を作り上げていくタイプの人物である。チトーは四一年六月から始まるパルチザン戦争の最高司令官として、ボスニアやモンテネグロの山岳地を転々としながら困難な戦いを続けた。四三年五月から八月にかけてのドイツ軍の第五次攻勢の際、ちょうどイギリスから初めてふたりの連絡将校が最高司令部に派遣されていた。この時、山中を移動中の最高司令部が爆撃をくらい、連絡将校のひとりスチュアート大尉は死亡し、もうひとりのディーキン大尉も危うく命を落とすところであった。チトーは大けがを負った。

こうした命がけの戦いの経験を重ねながら、クロアチア人とスロヴェニア人を両親とする個人的な生い立ちもあり、チトーはユーゴにおいて最大の問題であった民族問題に取り組む。しかし、チトーにとってあるいはユーゴにとって、唯一の社会主義国ソ連の経験がつねに念頭に置かれ、ソ連の理論や政策が模倣された。このような事態が激変する契機は、四八年に生じるユーゴのコミンフォルム追放である。パルチザン戦争時に勝るとも劣らないほど困難であった、この時期の試行錯誤のなかから、チトーはソ連を反面教師として様々な「実験」を行うことになる。

それは「独自の社会主義」を形作る自主管理であり、非同盟であり、七〇年代以降の連邦制であった。スロヴェニア出身の理論家カルデリをブレーンとして「実験」が積み重ねられた。四三年一一月の第二回ＡＶＮＯＪでユーゴ解放全国委員会議長に選出されたチトーが、八〇年に死去するまで、戦後「第二のユーゴ」の大統領（七四年からは終身大統領）として多大な役割を果たしたことは事実である。

「ソ連・東欧圏」からの追放というきわめて困難な状況のなかで、チトーは「友愛と統一」をスローガンに掲げて自主管理社会主義による統合を試みた。「第二のユーゴ」を取り巻く国際環境が緊張しているあいだは、比較的問題は起きなかった。しかし、六〇年代に入り緊張がゆるみ、加えて自主管理社会主義が実質化され分権化が進むと、民族問題が再燃した。チトーは民族・共和国間の均衡をとることによって、問題の解決に当たっていった。

こうしたチトーの戦後政策、とくに自主管理社会主義下の民族政策は、結局のところ「第二のユーゴ」の解体、そして民族対立による凄惨な内戦に帰結してしまった。このことを考えると、チトー個人の評価とともに、そのもとでの戦後政策をもう一度検証し直してみることが必要であろう。

チトー批判については、チトーの死後すぐにではなく、八〇年代後半になり、とりわけセルビアにおいて顕著にみられた。「七四年憲法体制」といったチトーの「遺産」も批判の対象とされるにいたり、ジャーナリズムでは「チトー第二の死」という表現が好んで用いられた。パルチザン戦争の英雄であり、カリスマ性を備えたチトーに対する、人々の敬愛の念や親しみの感情がすっかり消え失せ、チトーという呼称ではなく、ブローズという本姓でかれを冷たく呼ぶようになっていく。

この章では、チトーのもとで行われた様々な「実験」を整理しながら、同時に、なぜ自主管理社会主義による統合が果たし得なかったのかを考えてみたい。

1　人民民主主義期の改革

連邦制と境界の設定

四六年一月のユーゴ連邦人民共和国憲法によって、六共和国とセルビア共和国に属するヴォイヴォディナ自治州、コソヴォ・メトヒヤ自治区（六三年の憲法によりコソヴォ・メトヒヤ自治州となる［さらに七四年の憲法によりコソヴォ自治州となる］）からなる連邦制が導入された。この連邦制はソ連の連邦制と同様に、連邦中央が多大な権限を持つ形態であった。

しかし、特筆すべき点は多民族国家との認識が確立し、セルビア、クロアチア、スロヴェニアの三共和国に加え、マケドニア人とモンテネグロ人の民族自決権が承認され、またボスニア・ヘルツェゴヴィナが地域としての一体性を認められて、それぞれ共和国を形成したことであろう。問題となったのは、自治州や自治区の創設と共和国間の境界の設定である。これらの問題は、「第二のユーゴ」が解体してしまったあと、きわめて重要な問題となった。

これらの問題はユーゴ共産党指導部によって政治的に処理された側面が強い。ハンガリー人をはじめとして、多数の少数民族が人口の過半数を占めるヴォイヴォディナと、アルバニア人が六五％を占めるコソヴォ・メトヒヤは、最大の共和国セルビアの力を抑えることを配慮して、すんなりと自治州・自治区とされた。この他に、自治州や自治区の候補として検討されたのは、セルビアとモンテネグロにまたがるノヴィ・パザールを中心とするサンジャク地方、ダルマツィア地方、およびかつてハプスブルク帝国支配下のクロアチアを横切る形で形成された「軍政国境地帯」に属するリカ地方とコルドゥン地方(ともにボスニア西部のビハチ地方の西側に隣接する地域)であった。

サンジャク地方にはムスリム住民が多数居住しており、パルチザン戦争時にはこの地方が独立したパルチザン部隊の単位であった。しかし、モンテネグロが共和国を形成することになったので、地元住民の強い反対があったにもかかわらず、「第一のユーゴ」建国以前のバルカン戦争によって、サンジャクがセルビア王国とモンテネグロ王国とに分割されたのと同じく、この時にもセルビア共和国とモンテネグロ共和国とに分けられたのである。

ダルマツィア地方とリカ・コルドゥン地方も、最終的には自治州とされるには至らなかった。クロアチア人とセルビア人との典型的な混住地域ダルマツィアでは、「クロアチア独立国」のウスタシャ支配に対する広範な抵抗の姿勢が見られ、パルチザン運動が活発であり、サンジャクと同様に単独のパルチザン司令部が形成されていた。また、リカ・コルドゥン地方はセルビア人が多数を占める地域で、パルチザン運動が活発に展開された。そのため、これらの地方は自治州の候補地とされたが、自治州にするとクロアチア共和国の力をそぐことになってしまうとの政治的配慮が強く働いたのである。

共和国間の境界については、ジラス（九四頁参照）を委員長とする境界設定委員会が作られ、民族自決の原則と歴史的権利に基づいて設定作業が行われた。もちろん、経済的な面も考慮されたし、先に述べたように政治的配慮もなされた。

最も論議をよんだのは、セルビア共和国とクロアチア共和国との境界線であった。セルビア人が多く居住するスラヴォニア地方の一部をなし、ドナウ川とサヴァ川とに挟まれているスレムの帰属をめぐって議論がたたかわされた。スレムは歴史的にはクロアチアの領域に属するが、セルビア人とクロアチア人との混住地域であり、結局、セルビア人の多いスレムの東側がセルビア共和国のヴォイヴォディナ自治州に、西側の一部がクロアチア共和国に属することになる。九一年のクロアチア内戦で、セルビア共和国との境界地にある東スラヴォニアのヴコヴァルが最大の激戦地となったことは記憶に新しい。

もうひとつの境界問題は、ディナール・アルプスの山々に囲まれた風光明媚な地域であり、アドリア海の軍事拠点としても重要なコトル湾（ボカ・コトルスカ）をめぐる帰属問題である。コトル湾周辺の住民はモンテネグロ人とセルビア人であるが、ダルマツィアの一部として古くはヴェネチアの、その後はハプスブルク帝国の支配下に置かれたため、クロアチアが領有を主張した。しかし、コトル湾はモンテネグロ共和国に帰属することが決められた。九一年のクロアチア内戦と関連しては、クロアチアのダルマツィア地方最南端、コトル湾の入り口に位置するプレヴラカをめぐり、クロアチア軍と新ユーゴ軍とが対峙して一時緊迫した状態が続いた。

こうして境界が設定された「第二のユーゴ」の連邦制は、A・ジラスの言葉を借りると、「四つの平等」の上に成立していた。第一はユーゴに居住するすべての市民は民族や宗教を越えて平等であること、第二はユーゴ共産党や連邦による制限つきではあるが、「主権」をもつ六共和国の平等、第三はすべての民族・少数民族の平等、第四はパルチザン戦争への貢献の点ですべての民族、とくにセルビア人とクロアチア人との平等である。多民族国家ユーゴに連邦制がしかれたことは大いに評価できるが、その連邦制と「平等」は理念的色彩が強く、現実には、民族や共和国間の平等が必ずしもうまく実現されていたわけではなく、様々な矛盾の上に成立していたといえるだろう。

国有化と土地改革

東欧諸国は第二次世界大戦末期の四四年から四五年にかけて、ソ連軍によって解放された。ユーゴの場合、ほぼ独力で解放が行われたが、戦後すぐに取り組まなければならない課題は他の東欧諸国と共通していた。東欧諸国では解放とともに、戦争中に枢軸国側に荷担しなかった反ファシズム勢力からなる国民統一戦線が組織化された。これを母体として共産党を含む連立政権が形成され、戦後改革を進めた。四四年から四八年までの時期は人民民主主義期と称されている。

アルバニアを除く他の東欧諸国と異なり、ユーゴではパルチザン戦争期にすでに社会変革が行われ、AVNOJおよびユーゴ解放全国委員会という新たな権力機関が創設されていた。四五年三月、チトーを首班として、ユーゴ解放全国委員会に亡命政権の代表三人を含めて、連立政権が形成された。この連立政権の政治組織として、国民統一戦線ではあるが、政党としては共産党がほとんどを占める「人民戦線」が結成された。四五年一一月の憲法制定議会選挙では「人民戦線」が勝利を収め、「人民戦線」を母体にして、実質的には共産党による単独の政権がいち早く成立していた。

「第二のユーゴ」の新政府もソ連を唯一のモデルとして、戦争によって荒廃した国土の再建のための戦後改革に取り組んだ。東欧諸国は国ごとに政情が違っていたため一様ではないが、急速な経済復興を図るため基幹産業の国有化が推進された。一方、チェコスロヴァキアを例外として、農村人口が大半を占める東欧諸国にとって、土地改革が最も重要な課題であった。

国有化と土地改革は密接に関連していたが、まず国有化についてはドイツ人、イタリア人、ハンガリー人や対敵協力者の資産の没収という形で進められた。ユーゴの場合、四五年八月に「没収に関する法律」が制定され、ドイツやドイツ人の全資産、戦争犯罪人や対敵協力者のすべての資産が没収された。この結果、戦前から国家の管理下にあった交通機関や銀行の一部に加えて、基幹産業、主要銀行、商業、貿易関連企業などの八〇％が国家管理に移行された。さらに、四六年一二月には資本主義的所有関係を一掃する目的で、「私的企業の国有化に関する法律」が施行された。この結果、中小企業のすべてが国有化された。零細企業に関しては、四八年四月の国有化法により国家管理のもとに置かれる。このように、ソ連型の社会主義建設が急ピッチで推進されていく。

人口の大多数を占める農民たちにとって、土地改革は緊急かつ根本的な問題であった。それだけではなく、土地改革は産業の発展に勢いをつける効果をも持っていたのである。それゆえ、パルチザン戦争期から、その指導者は農民を運動に引き入れるために、戦後の土地改革の展望を語っていた。ユーゴでは、パルチザン戦争の過程で解放区となった地域で、すでにドイツ人や対敵協力者の資産の没収が行われていたが、四五年八月に「土地改革と入植に関する法律」が制定された。それによると、私有地の上限は四五ヘクタール、耕地の上限は条件の違いによって二五―三五ヘクタール、教会領の上限は一〇ヘクタールとされ、上限を越える土地が無償で没収されることになる。政府内に農業評議会が形成され、これが四五年秋から四八年にかけて土地改革の実施にあたった。富農層や教会は土地改革法が制定される過程では反対を唱えたが、実施される段階では反対する力を失っていた。

国有化と土地改革によって国家管理に移された土地は、一八万人の貧農、七〇〇〇人の土地なし農民、ヴォイヴォディナやスラヴォニアへの六万六〇〇〇人の入植者に分配された。また、社会主義建設の過程が速かったユーゴでは、一部の土地は国家セクターとして使われ、一般的な生産協同組合やコルホーズ型の協同組合も創設された。もっとも、四八年初めの時点で、これら農業協同組合の比率は全体の四・五％にすぎなかった。結局、ユーゴでは五三年に第二次土地改革が実施され、私有地の上限が一〇ヘクタールに抑えられたが、戦後を通じて集団化は行われず個人農が中心であった。一九九〇年代にいたり、各共和国ごとに自由選挙が施行されそれぞれの政権が形成されていくなかで、この時期の土地改革によって国家に接収された土地の返還問題が生じ、土地の「再私有化」が進められていく。

コミンフォルムからの追放

「第二のユーゴ」はこのように国内の社会主義建設を進めると同時に、近隣の東欧諸国との友好関係の推進に努めた。四五年から四六年にかけて、ソ連、ポーランド、チェコスロヴァキアとそれぞれ友好協力相互援助条約を締結した。四七年末には、旧枢軸国のブルガリア、ハンガリー、ルーマニアとのあいだにも同様の条約を結んだ。急速度でソ連型の社会主義建設を進めるユーゴは、連立政権の一翼を担うだけにとどまっていた近隣諸国の共産党に大きな影響力を持つようになった。こうした状況下で、ソ連とユーゴとの対立が表面化する。

両者の対立の直接的な契機は、ユーゴのチトーとブルガリアのディミトロフ〔首相〕がソ連のスターリンに知らせず、勝手にドナウ諸国関税同盟構想を推進したことだとされている。四八年二月、両国の代表(カルデリとディミトロフ)がモスクワに呼びつけられ、ドナウ諸国関税同盟ではなく、ユーゴとブルガリアによる南スラヴ連邦を即座に形成するよう指示された。一九一三年の第二次バルカン戦争後、ギリシア、ブルガリア、セルビア(ユーゴ)の三国に分割されていたマケドニア地方の統合問題の解決策として、ユーゴは四四年一一月からブルガリアに呼びかけて南スラヴ連邦を形成する試みを行っていた。しかし、この時点で即座に連邦を作るのは困難だとの判断から、ソ連の提案を拒否した。

この直後、ソ連共産党の名でユーゴ共産党を批判する書簡が送られた。三度におよぶソ連からの書簡には、ユーゴ共産党指導部の内政・外交にわたる偏向と誤謬、ユーゴ共産党の意識的な反ソ政策が列挙されていた。これに対して、ユーゴ共産党中央委員会政治局会議が開かれて議論がなされた。結局、ユーゴ共産党の政策に誤りはないとして、この書簡に反論する返書を出すことになる。

政治局は決して一枚岩ではなく、ソ連の批判に賛意を示す人物もいた。そのひとりがクロアチア人のヘブラングであった。ヘブラングはこの政治局会議のあと、パルチザン戦争期にウスタシャと係わりをもち、クロアチア分離主義的行動をとったとし、コミンフォルミスト（親ソ派）でもあったとして逮捕され、収監中の四九年に自殺を遂げたとされている。

このヘブラングの評価をめぐって、九一年に独立後のトゥジマン体制下のクロアチアで興味深い動きがみられた。アメリカのユーゴ研究者アーヴィンが、四四年のチトーのヘブラング宛の書簡を使い、組織論をめぐってチトーとヘブラングとのあいだに大きな相違があったことを論じた。ヘブラングはクロアチア共産党やクロアチア人民解放反ファシスト会議といった、地方レベルの党組織や政治組織の自治を拡大しようとしたのに対して、チトーは新たな権力機関の国際的承認とパルチザン運動の一元化に努めたことが示されたのである。これは独立の方向を目指すトゥジマン政権にとって好都合の宣伝材料であった。九〇年の時点で、それまでコミンフォルミストで裏切り者とのレッテルを貼られていたヘブラングはたちまち、クロアチア人の英雄に奉られていったのである。

さて、四八年に話を戻すと、六月のコミンフォルム(共産党、労働者党情報局)第二回会議で、先のソ連からの書簡に記された批判が繰り返され、全会一致でユーゴの追放決議が採択された。「冷戦」過程が進行するなかで行われた、このコミンフォルムからのユーゴの追放は、ソ連の意に反するユーゴをたんに切り捨てただけでなく、これによってソ連は他の東欧諸国の社会主義建設の速度をユーゴなみに引き上げ、ソ連と一体化した「ソ連・東欧圏」を確立しようとしたと考えるべきであろう。

コミンフォルムから追放されたユーゴはソ連・東欧諸国との外交関係を断たれ、きわめて困難な状態に追い込まれた。このような状況において、ユーゴ共産党内の厳しい引き締めが行われ、党員にはチトーを選ぶかスターリンを選ぶかの二者択一が突きつけられた。親ソ派のコミンフォルミストには国外に脱出するか、逮捕されるかしか選択の余地がなかった。アドリア海に浮かぶ「ゴリ・オトク(裸の島)」は、逮捕された反チトー派、親ソ派の政治犯であふれたといわれている。

ちょうどこの時期は天候不順で不作が続き、経済面では、農業が大打撃を受けていたことに加えて、近隣の東欧諸国との経済関係がすべて切られてしまうことになったのである。四七年にソ連にならって施行された「第一次五カ年計画」を継続することはできなくなり、これを放棄せざるを得なかった。しかし、ユーゴは社会主義を維持する方針を貫き、国際連合［ユーゴは一九四五年から加盟］を舞台にして外交活動を展開した。同時に、西側諸国とりわけアメリカとの接近を図り、その経済・軍事援助を受けることになる。

2　理念としての自主管理社会主義の出発

「工場を労働者へ」

ユーゴのコミンフォルムからの追放を契機として、他の東欧諸国では様々な変革の可能性を秘めていた、戦後の新しい体制の基礎をなす「人民民主主義」という概念の再検討が迫られた。東欧諸国の共産党がそれぞれ考えていた、独自の社会主義への道といった路線は退けられ、ソ連による「与えられた社会主義」の建設が始まった。こうして「ソ連・東欧圏」が確立し、東欧諸国では「粛清の嵐」が吹き荒れた。東欧諸国にとっては「冬の時代」が始まり、多くの指導者が「チトー主義者」のレッテルを貼られ、逮捕され処刑されていったのである。

一方、ソ連の「呪縛」から脱したユーゴは、ソ連型社会主義自体の見直し作業を進めていった。さまざまな労働現場で、社会主義とはなにかという根本的な問題が改めて検討され、「工場を労働者へ」というスローガンの実現が提起される。緊迫した雰囲気のなかで、四九年一一月、経済担当相のスロヴェニア人キドリッチは労働組合同盟と協議した結果、国有化されていた大企業にあてて、生産から分配にいたるすべての権限をもつ「労働者評議会」設立の通達を出した。これに応えて、多くの企業で「労働者評議会」が設立されていった。労働者自主管理という新たな社会主義の基礎が据えられたのである。

すなわち、ソ連とどれ程異なった社会主義のシステムを形成するかという差し迫った状況のなかで、懸命な努力が重ねられ考えだされたのが、労働者自主管理だったといえる。それゆえ、自主管理社会主義は、バルカン地域の後進的農業国特有の、労働に対して消極的ともいえる姿勢の見受けられる人々が多いユーゴという土壌から、必然的に醸成されたものではなく、対ソ連という観点から生みだされたものなのである。

こうして、五〇年六月、ユーゴ人民議会が「自主管理法」を採択して、自主管理社会主義が制度的に第一歩を踏み出した。これを確認する意味で、五三年一月に新憲法が制定された。この憲法では非国家化と民主化、官僚主義の克服、労働者自主管理および地方自治におけるコミューン(オプシュティナ)制度をあらゆる面の基礎とすることが規定されると同時に、チトーが大統領に選出された。

また、この時期の経済は「新経済システム」と呼ばれ、生産手段の国有ではなく社会的所有、政治的・経済的意思決定の分権化、労働者自主管理を特徴としていた。経済面での分権化が進められていくにともない、市場の役割は大きくなったが、この時期の政治指導者は市場の全面的導入を考えていたわけではなかった。

政治面では、五二年一一月のユーゴ共産党第六回大会で、党名がユーゴスラヴィア共産主義者同盟と改称され、これと関連して、党の役割は指令を出すことではなく、説得とイニシアチブを発揮することだとされた。ついで、五八年四月のユーゴ共産主義者同盟第七回大会では、「ユーゴ共産主義者同盟綱領」が採択され、共産主義者同盟の積極的な役割の否定とともに、「国家の死滅」さえ唱えられた。このように理念的には、着実に分権化が図られていったといえるだろう。

非同盟政策の形成

コミンフォルムから追放されたあとの「第二のユーゴ」は「独自の社会主義」国と呼ばれた。これは労働者自主管理と非同盟政策を二本柱とする社会主義であった。非同盟が政策として定着するのは、自主管理社会主義が制度化されてからのことだといえる。先にふれたように、ユーゴはコミンフォルムから追放されたあと、孤立を免れるため、国際連合を舞台にして積極的な外交活動を展開した。この困難な時期に、「独自の社会主義」の理論的な支柱の一人であるカルデリが、外相に任命された。ユーゴは「積極的平和共存」を外交方針として掲げ、東西どちらの陣営にも属さなかった。

カルデリによると、非同盟という考えは、東西どちらの陣営にも属さず独立を守るという消極的で防衛的な側面から生み出されたのではなく、中小諸国がなにか脅威にさらされるのをただ待つだけに止まらず、世界の平和と安全を保持するため働きかけるという積極的な側面から生み出されたとされる。そして非同盟概念の起源は、きわめて困難な条件のなかで、ユーゴおよび世界の平和を求めて、ドイツ軍に対しパルチザン戦争を戦いぬいた第二次世界大戦期にあるとされる。

しかし、このような非同盟概念が、政策として実際にユーゴ外交の中心に据えられていくのは、五〇年代の国際情勢を背景としている。ユーゴはアメリカからの経済・軍事援助を受け続ける一方、五三年にスターリンが死去して「冷戦」の「雪解け期」が訪れると、ソ連側からの働きかけに応じて、ソ連との国交正常化に合意した。五五年五月、フルシチョフらの一行がベオグラードを訪問し、過去の態度をわび、主権・独立・平等の原則に基づく「ベオグラード宣言」が出された。他方、ユーゴは五四年に、NATOに属するバルカン地域の国であるギリシア、トルコと友好相互援助条約を締結している。

さらに、東西両陣営の「はざまにある国」のユーゴは、反植民地・反帝国主義の立場から「中立主義」や「非従属」を掲げて、当時国際舞台で活躍していたアジア・アフリカ諸国に、多大な関心を示し、これらの国との関係を強めていった。五四年一二月から五五年二月にかけて、チトーはインドとビルマを歴訪する。帰途エジプトにも立寄ったチトーは、この三カ国訪問を通して、世界の平和と安全のために、これらの国々と相互に協力しあえることを確認した。五六年七月チトーは、インドのネルーとエジプトのナセルをアドリア海のブリユニ島に招待し、「積極的平和共存」政策の推進で合意に達した。

こうした会談の成果が、六一年九月にベオグラードで開催された、第一回非同盟諸国首脳会議となって現れた。アジア・アフリカ諸国を中心にして、二五カ国の首脳が参会した。この首脳会議は国際緊張の緩和を掲げ、平等原則のない国際秩序の拒否と、新しい国際経済秩序の形成を目指し、米ソ中心の国際政治に一定の影響を与えながら回を重ねていく。参加国が増えるにつれて内部にさまざまな問題を抱えつつも、八九年九月には同じくベオグラードで、一三〇カ国の参加をえて第九回非同盟諸国首脳会議が開かれた。

この間、ユーゴは非同盟諸国のリーダーとして、ヨーロッパの安全保障を考える際にもつねにアジア・アフリカ諸国の立場を考慮して、グローバルな視点からその外交を積極的に進めてきた。しかし、「第二のユーゴ」の解体過程が進行し、加えて八九年の東欧諸国の急激な体制転換を契機として、ヨーロッパで国際環境が大きく変化し、「冷戦」が終焉することにより、非同盟の存在意義が薄れ、いわば国是とされてきた非同盟政策を見直そうとの議論が出されはじめた。そしてヨーロッパの統合過程が進むなかで、ユーゴは解体し内戦が生じた。非同盟運動に対する関心は消え失せてしまった。

これまで見てきたように、そもそも非同盟政策はコミンフォルムからの追放という厳しい状況に直面して、試行錯誤を続けるうちに、アジア・アフリカ諸国と共通の利害を見出だすことで結実した面がかなり強い。しかし、カルデリらの理論家は自主管理も非同盟も、その考えの起源はパルチザン戦争期にあると主張した。自主管理と非同盟は、パルチザン戦争期から五〇年代の「独自の社会主義」建設期にいたる連続した動きを通して、必然的に生み出されたとされた。そのため、四五―四八年の社会主義建設期は「革命的国権主義」期と称され、中央集権的な体制を特色としたにもかかわらず、ソ連の「官僚主義的国権主義」とは異なっていたのだと説明された。このようにソ連との対抗上、つねにソ連との相違が前面に出され、ユーゴの独自性がことさらに強調された。そのため、ユーゴでは理念が現実に先行することになり、それが際立った特徴になっていたのである。

自由化政策の推進

「第二のユーゴ」にとって内外情勢の厳しかった五〇年代には、連邦中央の権限が実際にはまだ強く、民族問題は表面化しなかった。戦後、一貫して内務関係を牛耳っていたセルビア人のランコヴィチをトップとする国家保安機関(秘密警察)によって、自由化・分権化が極力抑えられていた。自主管理社会主義による分権はまだ現実のものではなかった。

経済面では、分権的な市場と連邦中央による計画とのさまざまな矛盾が表面化した。六〇年代に入ると、経済的な矛盾を解消し経済効率を高めるため、市場メカニズムを積極的に導入する方針が出された。六三年四月、戦後三度目の新憲法が制定され、国名がユーゴスラヴィア社会主義連邦共和国と改称されると同時に、自主管理社会主義と非同盟政策に法的な根拠が与えられ、行政改革も大幅に実施された。市場社会主義が既定の方針とされる。こうして、六五年に市場メカニズムを全面的に導入する「経済改革」が実施された。経済分野で自由化・分権化が急速度で進められていった。

当時、六三年憲法によって設けられた副大統領職についていたランコヴィチは、この動きに反対の立場を表明した。ユーゴ人民軍を背後に擁したチトーは、六六年七月に国家保安機関を掌握していたランコヴィチを共産主義者同盟中央委員および副大統領の職から解任する。チトーは、五〇年代に自由化の推進を求める副首相ジラスを追放し、今度はナンバー・ツーの実力を持つ「保守派」のランコヴィチを追放して、自由化の〝幅〟を掌握しながら、みずからの権力基盤を確かなものにしたのである。

だが、経済の自由化はそれだけにとどまらず、政治的な自由化や民主化を引き起こすことにもなる。一方、市場メカニズムが円滑に機能せず、「経済改革」の成果は思うように上がらなかったために、生活水準の低下、所得格差の拡大、失業者の大量発生、貿易収支の悪化が生じた。この結果、個人間、企業間、地域間などすべての面で格差が広がり、連邦政府を牛耳っていたセルビアに対する民族的不満がいっきょに吹き出す。パルチザン戦争のなかで、民族や宗教を越えた新たな社会関係が築かれたかに思われたが、実際に自由化政策や分権化政策が推進されると、コミンフォルムからの追放直後の対外的な緊張関係が緩んでいたこともあり、各地で民族主義の動きが顕在化した。

年表4　戦後から80年代初めまで

	ユーゴスラヴィア	ソ連・東欧諸国
1946年	ユーゴスラヴィア連邦人民共和国(第二のユーゴ)憲法制定	
47年		米，トルーマン・ドクトリン，マーシャル・プラン発表 コミンフォルム創設
48年	ユーゴ，コミンフォルムから追放	チェコスロヴァキア，二月事件
50年	自主管理社会主義制度化	
53年	戦後二度目の憲法制定	スターリン死去
56年		ソ連，スターリン批判 ハンガリー事件
61年	ベオグラードで第一回非同盟諸国首脳会議開催	
62年		アルバニア，コメコンとの関係断絶
63年	戦後三度目の憲法制定	
64年		ルーマニア自主路線
65年	経済改革実施	
68年	コソヴォ暴動	チェコ事件(プラハの春)
71年	「クロアチアの春」	
74年	戦後四度目の憲法制定 「七四年憲法体制」	
80年	チトー死去	ポーランド「連帯」運動
81年	コソヴォ事件	ポーランド戒厳令施行

3 「七四年憲法体制」への移行

「クロアチアの春」

戦後、内務関係を牛耳ってきたランコヴィチの失脚は、それまで「友愛と統一」のスローガンのもとで抑えつけられてきた各地の民族主義をいっきに表面化させた。六八年の秋から冬にかけて、コソヴォ自治州のアルバニア人が、少数者セルビア人から不当な差別を受けているとして、権利の拡大を掲げると同時に、コソヴォの共和国昇格を要求した。民族として正式に承認されていなかったボスニア・ヘルツェゴヴィナ共和国のムスリムも、民族としての「ムスリム人」の承認を要求して行動を起こした(一九六一年の国勢調査から「民族的帰属としてのムスリム」という概念が適用され、七一年の国勢調査から明確な「ムスリム人」概念が用いられるようになった[さらに九〇年代、「ボシュニャク」という民族呼称が用いられはじめ、ボスニア内戦のワシントン合意ではこの呼称が用いられている。二〇五頁参照])。

クロアチア共和国でも、クロアチア人の自治要求が噴出した。六六年に、クロアチア人の民族意識の覚醒をもたらしたイリリア運動の一三〇周年を記念する式典が開催され、これを契機としてクロアチアの文化的・政治的自治を求める声が高まった。クロアチア民族主義を唱える知識人と歩調を合わせる形で、クロアチア共産主義者同盟の「改革派」が勢力を伸ばしていった。両者は連邦に対する経済的不満を共有していたのである。

こうして、七〇年から七一年にかけて、クロアチア共産主義者同盟「改革派」、民族派知識人、これに学生が加わり、「マス・ポク（大衆運動）」と称される大規模なクロアチア共和国の自治要求運動が展開された。この時期、学生は大学改革や官僚支配の打破を求めてストライキを繰り返し、「マス・ポク」の先頭に立っていった。クロアチア共和国政府が連邦に対し、経済計画、予算、税制などを自由に決定できる政治・経済上の権利拡大を求めて動き出したのである。これが、「クロアチアの春」と呼ばれる民族主義運動であり、クロアチア共和国の権利拡大に止まらず、独立要求まで持ちだすに至った。

これに対して、クロアチア共産主義者同盟の保守派はチトーに、危険な民族主義が台頭していると報告した。チトーは連邦人民軍を掌握したうえで、自らクロアチア共和国の首都ザグレブに乗り込み、学生を説得するなど懸命に事態の収拾を試みた。結局、改革派を中心とするクロアチア共産主義者同盟の指導部は一掃され、新たな指導部が選出された。一方、チトーは返す刀で、民族主義の芽をつむために、民主集中制や労働者の役割強化を掲げて、セルビアをはじめとする他の共和国の共産主義者同盟のイデオロギー上の引き締めを図った。チトーはこの時も、対立する勢力の均衡をとるやり方を忘れてはいない。

ところで、九〇年の自由選挙の際、当時チトーによって解任されたクロアチア共産主義者同盟指導者の多くが、新たな政党を形成して立候補することになる。この選挙で圧倒的な勝利を収めるクロアチア民主同盟（ＨＤＺ）党首のトゥジマンも、当時の民族派知識人のひとりであったことはよく知られている。

社会主義体制のもとで連邦制が敷かれ、民族主義の動きは姿を消したかに見えたが、国家保安機関が縮小されるなど政治的な自由化が実際に進むと、すぐに民族主義が表面化することがはっきりした。これに加え、「市場社会主義」の失敗を踏まえて、チトーは以後、自主管理社会主義の理論的支柱カルデリとともにソ連を強く意識しつつ、共産主義者同盟と連邦人民軍をユーゴ統合の絆として、民族・共和国間の微妙なバランスをとりながら、政治・経済・社会すべての局面に自主管理社会主義を徹底させる体制を構築していく。

緩い連邦制の成立

七四年一月に制定された戦後四度目の新憲法と、七六年一一月の連合労働法を基礎とする、

「七四年憲法体制」が形成された。この体制は自主管理社会主義の総決算であり、分権化を徹底させるものであった。しかし同時に、ユーゴの統合を保つことも重要な課題であった。そのために、七四年五月には二つの手段が講じられた。ひとつは、ユーゴ連邦議会がチトーを終身大統領に選出し、大統領に統合の象徴の機能を付与した。もうひとつは、ユーゴ共産主義者同盟第一〇回大会が開催され、「民主集中制」に基づく統一のとれた共産主義者同盟の役割をふたたび前面に掲げる方針が打ち出され、五八年の第七回大会で採択された党の積極的役割の否定の方針を撤回した。

チトー、共産主義者同盟、連邦人民軍を〝統合の絆〟としつつ、この体制下で、六共和国と二自治州はすべてみずからの憲法を有し、裁判権や警察権だけでなく完全な「経済主権」を持ち、連邦幹部会において同じ一票を行使できる存在となった。きわめて緩い連邦制が成立したのである。ソ連の連邦制とはまったく異なる形態が機能することになった。これ以後、六共和国と二自治州に連邦政府あるいは共産主義者同盟を加え、九つの要因がさまざまな利害対立を生みだすが、主としてチトーによって均衡がはかられていった。

七四年憲法による政治上の最も大きな変化は、連邦幹部会において見られる。最高の政策決定機関とされる連邦幹部会はチトー以後に備え、七一年六月の六三年憲法修正により発足した。

その構成は、六共和国各三名、二自治州各二名、それに国家元首のチトー大統領の計二三名であった。共和国と自治州には、構成員の数の上で明白な差がつけられていた。変化のひとつは、構成員の数の上での差がなくなり、六共和国と二自治州から各一名、およびチトーの計九名となった。もう一点重要なのは、民族・地域間対立の「調停者」として、終身大統領のチトーが共産主義者同盟議長の肩書きで加わったことであろう。

この結果、チトーが死去したあとも、ユーゴ共産主義者同盟の幹部会議長(輪番制)が「調停者」として連邦幹部会の構成員となった。チトーの死後、連邦幹部会は文字通り国の内外にわたりユーゴを代表する集団的な機関となり、チトーが国家元首として行使していた権利と義務を備え、内政・外交・軍事安全保障上の政策決定にあたる権利と義務をも持つことになる。集団指導制とはいえ、国家最高の政策決定機関におけるユーゴ共産主義者同盟の役割は、いぜんとして大きかった。

また、連邦幹部会の構成にみられるように、すべての共和国と自治州の平等が制度化されたのであり、人口の上で多数を占めるセルビア人の民族主義的な言動は、神経質なまでに自己規制されていた。チトーを中心として、共和国・自治州間のバランスがとられ、セルビアの主張は極力抑えられる傾向にあった。このためセルビア人の民族的不満が潜在化していくのである。

こうして「第二のユーゴ」で行われた様々な「実験」は紆余曲折を経ながらも継続されていき、八〇年のチトーの死をむかえることになる。

第五章　連邦解体への序曲

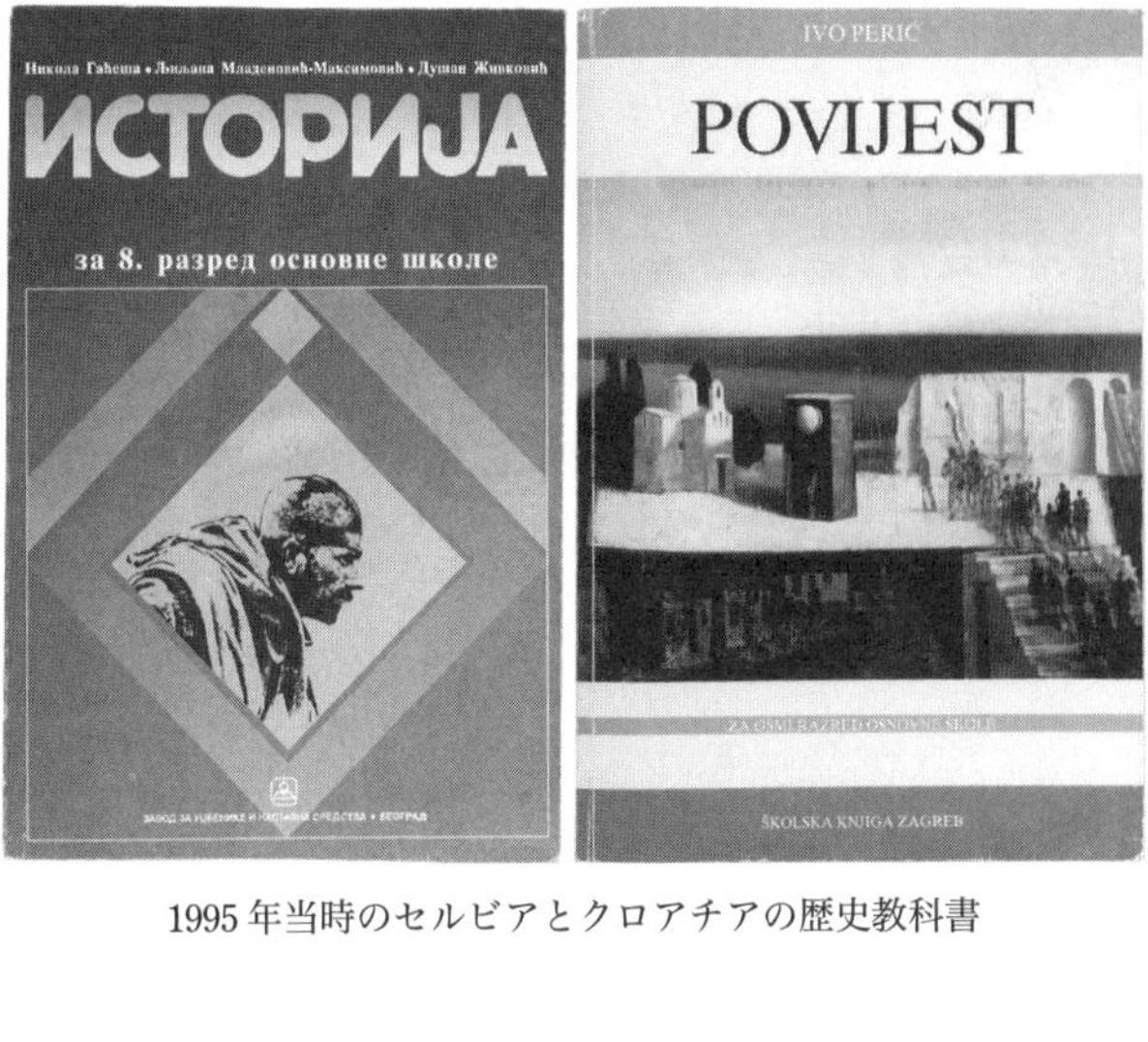

1995 年当時のセルビアとクロアチアの歴史教科書

歴史教科書叙述の比較

手元に、連邦解体後のセルビア共和国とクロアチア共和国で発行された、初等学校最終学年八年生(日本の中学二年生に相当)の九三―九四年版の歴史教科書(現代史部分)がある。クロアチアの教科書はきれいな装丁で、印刷も鮮明である。これに対して、セルビアの教科書は国連の制裁下で紙が不足していたためか、紙質が悪く薄汚れた感じがする。当時の経済情勢を反映していて興味深い。

使用されている文字はセルビアの教科書がキリル文字、クロアチアの教科書がラテン文字である。「第二のユーゴ」の時期から、教科書は共和国ごとにそれぞれの言語と文字で発行されていたが、大枠の歴史認識にそれほどの違いは見られなかった。しかし、連邦が解体を迎えるなかで、独立国となったクロアチアやスロヴェニアではそれぞれの国民統合を図るため、従来の歴史叙述が大きく変化していく。ここでは、独立したクロアチアの教科書と連邦維持の立場を貫くセルビアの教科書をとりあげることによって、両者の歴史認識の違いをみておきたい。

「第二のユーゴ」の連邦制について、クロアチアの歴史教科書は、ソ連の社会主義モデルにしたがい連邦中央に権力が集中した連邦制であり、共和国には公的な自立性しか与えられておらず、すべての権力はベオグラード、すなわちユーゴ共産党や国家の指導部にあり、セルビア中心の体制であったとしている。これに対して、セルビアも歴史教科書は、この連邦制が全能のユーゴ共産党に基礎を置き、「友愛と統一」という政治スローガンに基づき、チトーに象徴される集権国家体制として形成されたと述べているが、セルビア中心であったとはしていない。

自主管理社会主義と非同盟政策に法的な根拠を与えた、戦後三度目の六三年憲法下の連邦制について、クロアチアの歴史教科書は、連邦中央による集権体制が相変わらず継続しており、経済的にはクロアチアの財政収入の大半が連邦に吸い上げられること、また政治的には社会主義的統合が推進されたため、クロアチア人としての民族的帰属を無視してユーゴ統一主義を掲げなければならなかったことを強調している。こうしたクロアチア人の不満の現れが「クロアチアの春」事件であったことは、すでに述べたとおりである。

奇異に感じられるのは、こうした事件のあとに発布された七四年憲法についての叙述がないことである。六共和国と二自治州に完全な「経済主権」が与えられる国家連合に近い連邦制は、クロアチアにとって好ましい連邦形態だったにもかかわらず、これに関する評価が見られない。

セルビアの歴史教科書は七四年憲法について簡単に説明したうえで、次のように記している。

この憲法は自治州にも共和国と同様の「国家」としての権限を付与してしまったので、自治州に分離傾向が見られるようになった。また、共和国と同様に、自治州も政策決定の最高機関である連邦幹部会に一票を持っているので、「正常な」連邦機能が阻害されることになった。そのため、七四年憲法は「ユーゴ諸民族の現代史における最も危険な法律」である。セルビアにとってのこうした「不正」は、八九年三月の共和国憲法修正によって除去され、セルビアの主権がコソヴォとヴォイヴォディナの二自治州を含むセルビアの全土に行使できるようになったとの評価を与えている。

九一年のスロヴェニアとクロアチア両共和国の独立宣言、これに続くクロアチア内戦を経てユーゴ解体が現実のものとなった。この経緯をクロアチアの歴史教科書は、ミロシェヴィチを指導者とするセルビア政権が、二自治州に権限を与えすぎたと考えて七四年憲法の修正に取り組んだことが、クロアチアやスロヴェニアとの対立を生む契機だとしている。ミロシェヴィチ政権は憲法を修正して、二自治州の自治を剝奪したが、それだけでは満足せずユーゴ全体を「セルビア化」しようとした。かれのこうした「大セルビア主義」的傾向が最大の問題であった、と説明されている。

クロアチアの歴史教科書では「第一のユーゴ」建国後、一貫してセルビア中心の国家運営が維持されてきたととらえられ、「第二のユーゴ」が崩壊するなかで、「大セルビア主義」政策の推進者は混乱し、「大セルビア」再建に「貪欲さ」を示して、セルビア人の居住する他地域の領有を目指して内戦が生じたと述べている。クロアチアの独立承認については、とくにドイツのコール首相とゲンシャー外相、ローマ法王ヨハネ・パウロ二世が政治的・精神的支持を与えてくれたと大きな写真入りで明記している。

一方、セルビアの歴史教科書は八九年三月のセルビア共和国憲法修正に続き、その法制化としてセルビア共和国の新憲法が九〇年九月に制定されたと述べている。ユーゴ内戦に対しては、ECは「善意の仲介」を申し出たが、とくに最大の影響力をもつドイツの「偏見」のため、戦闘が煽られる結果となったと叙述している。

このように、セルビアとクロアチアの歴史教科書の叙述には大きな隔たりが見られる。両者の歴史認識の相違は、戦後の自主管理社会主義による統合の過程で埋められたかにみえたが、背後に押しやられていたにすぎず、「七四年憲法体制」のもとでさらに拡大してしまった。それは八〇年代に「経済危機」が進行するに伴い、それぞれの民族主義傾向が強まるなかで、修復できないほどに広がっていたのである。

以下では、八〇年代の連邦解体への過程を詳しくみておきたい。

1　チトー以後の諸問題

コソヴォ問題

緩い連邦制はきわめて不安定な均衡の上に成立していたので、それは〝統合の絆〟が切れてしまうと、もろくも崩れてしまうことになる。八〇年代は、こうした方向へ確実に向かっていく過程であった。チトーの死とこれから述べる「コソヴォ事件」に加え、八〇年代の「経済危機」への対応をめぐり、ユーゴ統合の太い絆としての共産主義者同盟の存在も危ういものになっていった。

七九年二月に「七四年憲法体制」の理論的支柱であったカルデリが病死し、八〇年五月にはユーゴ経済の悪化傾向が続くなか、民族・地域間のバランスを巧みにとってきた終身大統領のチトーが八七歳で死去した。非同盟運動の指導者のひとりであったチトーの葬儀には、一四二カ国の元首・首脳クラスが出席し、ベオグラードを舞台として「弔問外交」が展開された。

カルデリとチトーの死去により、「七四年憲法体制」の維持を危ぶむ声も聞かれたが、当時連邦幹部会副議長を務めていたコリシェフスキー(マケドニア共和国選出)が憲法規定にしたがって議長職に就き、元首の役割を果たすことになった。こうして、カルデリとチトーなしに、「七四年憲法体制」が継続されていく。しかし、すぐに問題が生じることになる。

翌八一年の三―四月、セルビア共和国に属するコソヴォ自治州で、アルバニア人の大規模な暴動が発生した。コソヴォはユーゴで最も後進的な地域であり、八一年の国勢調査によると、約一六〇万の人口のうちアルバニア人が七八％、セルビア人一三％、モンテネグロ人が二％を占めていた。自治州の州都プリシュティナの大学生は経済的不満を最も強く感じており、アルバニア人学生が学生寮食堂の料理のまずさに不満をぶつけ、食堂を破壊したことが「コソヴォ事件」のきっかけであった。

アルバニア人学生はプリシュティナの中心に繰り出し、アルバニア人住民を巻き込み、デモの規模を拡大した。この動きはコソヴォ各地に広がり、デモ隊は「コソヴォを共和国に」「われわれはアルバニア人であり、ユーゴ人ではない」「資本主義ではなく、社会主義を」といったスローガンを掲げた。デモの鎮圧にあたった警察官との激しい衝突のなかで、政府の公式発表でも死者一一人（うち警官二人）、負傷者五七人の犠牲者を出した。

一応の事態収拾が図られたものの、コソヴォのアルバニア人の動きはくすぶり続け、隣接するモンテネグロ共和国やマケドニア共和国に居住するアルバニア人のあいだにも動揺を与えた。

この「コソヴォ事件」に、歴史研究者も傍観者ではいられなかった。その結果、例えば、アルバニア近現代史の権威でプリシュティナ大学教授のハドリは、ホジャ第一書記体制下のアルバニア本国の史学に基づき、アルバニア人の民族主義やイレデンティズム(失地回復主義)を煽動したとされ、その理由で解雇されるということもあった。

「七四年憲法体制」のもとで、コソヴォ自治州もセルビア共和国と同等の権利をもてることになった時期に生じたこの「コソヴォ事件」は、コソヴォの少数者セルビア人による多数者アルバニア人に対する民族的抑圧を理由とした、六八年の暴動とは異なり、失業など経済的不満を理由として始まった。しかし、経済的不満は容易に民族対立に火をつけた。今回はアルバニア人の民族主義的な行動が顕著であり、セルビア人やモンテネグロ人のセルビア共和国への移住が続いた。

「コソヴォ事件」で特徴的だったのは、「資本主義ではなく、社会主義を」というスローガンに見られるような自主管理社会主義批判であった。こうした批判に対して、共産主義者同盟や連邦政府は当初、この事件の原因がアルバニア本国やユーゴ国外のアルバニア人組織の煽動によるとの立場をとり、コソヴォ現地のアルバニア人の要求や批判を真摯に取りあげなかった。

その後も、共産主義者同盟は再三、コソヴォ問題の討議を重ねる。しかし、この問題の根源はコソヴォの経済発展の後進性にあるとして、自主管理社会主義の徹底により問題解決を図る必要がある、といった抽象的な見解しか示していない。アルバニア人の共和国要求については論外とされた。

「七四年憲法体制」のもとで、セルビア共和国はコソヴォ問題に直接関与できず、この問題をめぐりセルビア共和国とコソヴォ自治州との対立が長期化していく。また、きわめて感情的なことがらであるが、セルビア人のあいだには、コソヴォは中世セルビア王国時代の中心地であり、セルビア人の揺籃の地であるとの意識が根強く残っていた。ユーゴ共産主義者同盟内の討議でも、この問題をめぐり、セルビアとスロヴェニア、クロアチアとは不協和音を奏で始める。

「経済危機」

「七四年憲法体制」のもとでは、経済面でも極限まで分権化が進められ、市場によるのでも国家統制によるのでもなく、協議と合意に基づき下から上へ積み上げる「協議経済」が採用された。

「協議経済」の原則は連邦と共和国・自治州との関係にも適用された。共和国・自治州はそれぞれの国民銀行を通じて、連邦の発券業務に参画しつつ、通貨政策や外国為替政策の実施に必要な措置をとることができるようになった。さらに、独自の租税政策を実施し、独自の社会計画を策定することもできるようになった。緩い連邦制のもとで、ユーゴには「統一市場」が失われていったのである。

このような状況において、ユーゴ経済は七三年の第一次石油危機の影響を受け、七〇年代後半から次第に陰りを見せ始め、七九年の第二次石油危機と世界的な不況を契機として、悪化の一途をたどった。各共和国がそれぞれ設備投資のため、七〇年代に西側諸国や国際機関から多くの融資を受けたツケがいっきに回ってきた。この結果、貿易収支の大幅赤字、対外債務の累積、恒常的なインフレによる「経済危機」の状態が続いた。

連邦幹部会や連邦政府は経済状態の改善をはかるための対応策に追われた。しかし、大枠で共和国・自治州の「経済主権」を認める「七四年憲法体制」を是認しつつ、個々の問題では分権化した政治・経済制度を改変する必要性を説くものだったので、大幅ですみやかな改善策を講じることができなかった。

「経済危機」が深刻化し、急激なインフレにより国民の生活は圧迫され、八七年から労働者のストライキが多発した。これらのストは、「経済危機」にすみやかに対処できないユーゴ共産主義者同盟や連邦政府に鋭い批判の刃を向け、従来とは異なる「政治スト」の様相を呈するようになった。「緩い連邦制」が危機を迎えていく。

もっとも、連邦幹部会はすでに八五年に、経済効率を高めるという観点から、自主管理社会主義の基礎をなす「連合労働法」の見直し作業を連邦議会に要請しており、八七年一二月には、ついに「連合労働法」の大幅な改正が連邦議会で承認された。これと並行して同年一月、連邦幹部会は連邦の権限拡大、「統一市場」の創設と市場経済への復帰、連合労働という考え方の根本的見直しを目的として、七四年憲法修正の発議を行ってもいる。こうして、八八年一一月に、国家機関や連邦の権限を拡大する七四年憲法の修正案が、連邦議会で可決された。国家連合形態に近い連邦制から、連邦に権限を集中させる形態に一部軌道修正されたのである。

2　七四年憲法の修正と「連邦制の危機」

ミロシェヴィチの登場

こうした情勢を背景として、セルビア共和国に登場するのがミロシェヴィチである。かれは、「七四年憲法体制」のもとで自己主張を極力おさえられていたため、鬱積《うっせき》していたセルビア人の民族主義に巧みに訴えかけて、八六年にはセルビア共産主義者同盟中央委員会議長に、八九年にはセルビア共和国幹部会議長に就いたが、「緩い連邦制」を再編して連邦の権限を強化すべく、憲法修正に積極的であった。

一方、「コソヴォ事件」後、コソヴォ自治州共産主義者同盟内外のデモ指導者は、「反革命」のかどで逮捕され、裁判が長期化する。八七年一〇月には、戦後コソヴォ自治州の指導的役割を保持してきたF・ホジャが、事件の責任を問われてすべての職務を解任され、共産主義者同盟から除名されるに至った。

しかし、問題はなお継続した。ミロシェヴィチの立場からすると、先に述べた七四年憲法修正の目的は「経済危機」からの脱却だけでなく、コソヴォ問題の「解決」とも関連していた。七四年憲法によって、自治州は共和国と同等の権限を有することになり、自らの憲法をもち警察権や裁判権や教育権をも手にいれていたからである。

「コソヴォ事件」のあと、コソヴォ自治州の少数者セルビア人とモンテネグロ人に対するアルバニア人による「逆差別」が表面化した。コソヴォでの生活を嫌い、セルビア共和国やモンテネグロ共和国に移住する人が目立った。コソヴォに残ったセルビア人やモンテネグロ人は自衛組織を作り、各地で抗議集会を開いた。こうした人々を保護しようにも、セルビア共和国にはその手だてがなかった。

そのため、七四年憲法の修正と関連して、セルビア共和国憲法修正の動きが生じた。八八年夏から秋にかけて、コソヴォのセルビア人とモンテネグロ人は、セルビア各地を回って抗議集会を開き、共和国憲法の修正を訴えた。これらの抗議集会は各地で熱狂的な支援を受ける。セルビア人の伝統や心理を巧みにとらえて急浮上したミロシェヴィチのもと、セルビア人の民族主義がこれまでになく高まった。

ミロシェヴィチは民族派知識人と歩調を合わせることで、セルビア共和国の統合を推進しようとした。ちょうど、この時期に民族派知識人がセルビア人の政治綱領を構想していた。八五年から秘密裏に文書の草案が練られていたが、草案の段階で外部に漏れてしまい、八六年九月にベオグラードで発行されている夕刊紙『ヴェチェルニェ・ノーヴォスティ』に「メモランダム(覚書き)」としてスクープされた。社会主義体制に批判的な民族派知識人が多くを占めるセルビア科学・芸術アカデミーが作成したもので(作家で、九二年六月に新ユーゴの大統領に就任するチョシッチが起草したとされている)、正式名称は「セルビア復興のためのメモランダム」である。

アカデミーはこの文書が公式文書ではないとしたが、起草者には作家のイサコヴィチ、歴史家のサマルジッチ、クレスティチ、そして六〇年代から七〇年代にかけての反体制知識人グループ「プラクシス派」の中心人物であった社会学者M・マルコヴィチ(のちに、ミロシェヴィチ率いるセルビア社会党のブレーンとなる）など一六名のアカデミー会員が名を連ねている。

「メモランダム」は、チトーとカルデリによって形成された「七四年憲法体制」こそがユーゴにおける様々な問題を生じさせた根源であるという認識に立っている。そして、セルビアはこの体制のもとで様々な犠牲を払ってきたし、クロアチアやスロヴェニアと比べて、経済的にも政治的にも差別を被っていると非難する。こうした状況を改善するためには、共和国憲法を修正して、コソヴォとヴォイヴォディナ両自治州をセルビア共和国の憲法の枠内に収めることが必要だとする。この文書は確かにセルビア人の民族主義を前面に掲げたものであるが、「七四年憲法体制」下のセルビア人の心情をストレートに表現したにすぎず、これをただちに領土拡大を目指す「大セルビア主義」の政治文書だとまではいえないだろう。

セルビア共産主義者同盟は、この文書が民族主義的宣言であるとして公的には非難した。しかし、ミロシェヴィチは自らの地位を確保するための戦術として、チョシッチら民族派知識人との協調関係を強めていった側面が強いし、「七四年憲法体制」に対する評価をかれらと共有していた側面も見逃せない。ミロシェヴィチはコソヴォのセルビア人とモンテネグロ人の保護を明確にして、「メモランダム」の主張を実践した。一九八七年から「反官僚主義革命」の名のもとに、セルビア正教会を政治利用し、「セルビア人の救済には結束あるのみ」といった横断幕を掲げた「真実の巡回」がセルビアとモンテネグロ各地の修道院で行われ、セルビア民衆のナショナリズムを煽ったのである。この結果、セルビアでは「七四年憲法体制」の立て役者チトーに代わり、ミロシェヴィチに対する熱狂的な支持が与えられていく。死後五、六年を経て、公共の場所や商店に掲げられていたチトーの写真が取り外され、代わりにミロシェヴィチの写真が貼られていった。

深刻化するコソヴォ問題

ミロシェヴィチと民族派との協調関係を背景として、コソヴォではセルビア人とモンテネグロ人が活発な行動を展開した。これに対して、沈黙を保ち続けてきたアルバニア人は、八八年一一月に七四年憲法修正案が可決され、セルビア共和国憲法の修正が議事日程に上ると、ふたたび反セルビア、自治権確保を掲げたデモを開始した。

八九年二月、コソヴォで二度にわたるデモが生じ、北部にあるトレプチャ鉛・亜鉛鉱の鉱山労働者約一一〇〇人が、坑内にたてこもり自治権確保を要求した。これに呼応し、他の町々の工場労働者もストライキに入り、コソヴォはゼネスト状態に陥った。これに対して、連邦幹部会はコソヴォ自治州に「特別措置」を発動して、コソヴォを連邦人民軍の管轄下に置いた。さらに三月に入ると、自治州共産主義者同盟元議長のヴラシがゼネストの指導者として逮捕され、ストに加わった労働者に対する「強制労働令」が布告された。

緊迫した状況下で三月末に、コソヴォ自治州議会とセルビア共和国議会が、相次いで共和国憲法修正案を可決した。これにより、セルビア共和国は国防、安全保障、治安、国際協力、社会計画の分野で、二自治州を含む統一体として機能する権限を与えられた。自治州の権限は縮小されたのであり、これに反対するアルバニア人のデモが激化した。

三月末までに、八一年の「コソヴォ事件」を上回る死者二三人(うち警察側二人)を出すに至った。当時のアルバニア人の動きの特徴は、「コソヴォ事件」まで中心的役割を果たしてきた学生に代わり、労働者が前面に登場したことであろう。事の重大さが窺われた。

これ以後も、コソヴォ内のアルバニア人とセルビア人・モンテネグロ人との対立関係はますます悪化していく。六月二八日、「コソヴォの戦い」(一三八九年に中世セルビア王国をはじめとするバルカン連合軍がオスマン軍に敗北した戦い)の六〇〇周年を記念して、コソヴォ・ポーリェ(コソヴォ平原)で、約一〇〇万のセルビア人が集会を開いた。この集会はミロシェヴィチ体制公認のものであり、これがアルバニア人の民族感情を刺激したことは、容易に想像される。

コソヴォでは九〇年一月から二月にかけて、さらに激しい衝突が繰り返され、多くの犠牲者を出した。こうしたなかで、コソヴォにも作家のルゴヴァを指導者とする野党勢力「コソヴォ民主同盟」が結成され、自治権拡大要求にとどまらず、民主化の動きを明確にしていたスロヴェニアの影響を多分に受けて、一党制批判や自由選挙の実施要求などを掲げた。七月には、コソヴォ自治州のアルバニア人議員が、「コソヴォ共和国」としてセルビア共和国から独立することを宣言し、九月には憲法を制定した。

高まるスロヴェニア民族主義

セルビア共和国にミロシェヴィチが登場してコソヴォ問題が先鋭化するのとちょうど同じ頃、「第二のユーゴ」内で最先進共和国のスロヴェニア人のあいだにも民族主義傾向が強まっていった。八〇年代のスロヴェニア共和国について簡単にふれておくと、人口(八一年の国勢調査による)は一八九万人(連邦総人口の約八・四%)、そのうちスロヴェニア人は一七一万人、人口の約九一%を占めている。民族的に最も均質性の高い共和国であった。ユーゴの総人口に占めるスロヴェニア人の比率は八%であったが、総雇用の一六%、国民所得の二〇%、総輸出の二五%に達していた。

八八年の統計によると、スロヴェニア共和国の一人あたりの国民総生産は、六一二九ドルで連邦第一位、最低のコソヴォ自治州の七四一ドルと比べると、八倍以上の差があった。経済的に豊かなスロヴェニアは七〇年代初頭、同じく先進地域のクロアチア共和国でクロアチア民族主義が吹き荒れたときも、ひとり超然としていた。

しかし、八〇年代の「経済危機」に対処するため、連邦幹部会が七四年憲法を修正して連邦の権限を強めようとするなかで、スロヴェニアでは「経済主権」が制限されるのではないかとの危機感が広まった。こうしたことを背景として、スロヴェニア人の民族主義が初めて表面化することになる。

この契機となったのは、八七年二月にリュブリャナで発行された雑誌『ノヴァ・レヴィヤ』の特集号であった。スロヴェニアでは、西側諸国との協力関係が他の共和国に比べて密接であり、知識人や学生・青年を中心として、自由で活発な言論活動が展開されていた。こうした政治風土において、『ノヴァ・レヴィヤ』には反体制的知識人が多く集まっており、特集号の記事には、ユーゴにおいてスロヴェニア語がセルビア・クロアチア語と比べて二級の言語と見なされていること、スロヴェニア人の民族自決権を拡大する必要があることなどが主張されていた。この特集号が、いわばスロヴェニア人の「民族綱領」となったのである。

さらに、八八年五月に生じた「ヤンシャ事件」は、スロヴェニア人の民族感情を大いに刺激した。この事件はスロヴェニア共産主義者同盟の大衆組織であるスロヴェニア青年同盟の議長候補であったジャーナリストのヤンシャ（スロヴェニア共和国の独立後、国防大臣に就任、二〇二〇年に三度目の首相に就任）が、「連邦人民軍がスロヴェニアの自由な雰囲気の一掃をねらって出動する計画を立てている」と、青年層に広く読まれていた雑誌『ムラディナ』（公的にはスロヴェニア青年同盟機関誌）に書いたことが発端であった。

ヤンシャを含め、連邦人民軍の軍事機密を持ちだした若い兵士、『ムラディナ』の編集長ら四人が「軍事機密漏洩」の罪で逮捕された。ヤンシャは最大の連邦組織である人民軍批判の急先鋒であり、彼の逮捕によって、スロヴェニア人のあいだに反軍感情が強まった。

八八年七月、スロヴェニアの首都リュブリャナで開かれたにもかかわらず、軍事法廷で使用された言語がスロヴェニア語ではなく、セルビア・クロアチア語だったことは、スロヴェニア人の反連邦・反セルビア感情を強めることになり、結果としてスロヴェニア民族主義を前面に押し出すことになった。スロヴェニアでは、「ユージュニャツィ（南のやつら）」という蔑視の言葉がよく聞かれるようになる。「ヨーロッパ」に属するという自負をもっていたスロヴェニア人と、他の民族とをはっきりと区分し始めた。

それにもかかわらず、反セルビアを媒介とし、スロヴェニア人とコソヴォ自治州のアルバニア人とが連帯を強めていった。スロヴェニアは「敵の敵は味方」の政治原則から、セルビアのミロシェヴィチ体制と対立するコソヴォのアルバニア人支持を打ちだしたのである。

八八年一〇月のユーゴ共産主義者同盟第一七回総会で、「コソヴォ問題」と「経済危機」の解決策を求め、政治・経済・党機構の「三つの改革」に関する討議が行われたが、もはや「調停者」はいなかった。民族・地域間対立が一枚岩であるべき共産主義者同盟を支配した。とくに、「コソヴォ問題」をめぐり、セルビアとスロヴェニアとの対立が際立ち、この時点で、ユーゴ共産主義者同盟内の共和国間対立は決定的になっていく。

さらに前述(一四九頁)のように、翌一一月、連邦議会で七四年憲法修正案が賛成多数で可決された。以後、「経済主権」の保持を主張するスロヴェニア共和国の突出した動きが加速化することになる。また、七四年憲法の修正により、自主管理社会主義が大きく変質し、連邦幹部会についても、ユーゴ共産主義者同盟の幹部会議長が構成員から外れ、八人の構成となった。一二月には企業法が制定され、経済的面でも社会有、私有、国有といった所有形態の多様性が承認されたのである。

七四年憲法修正にともなう八九年三月のセルビア共和国憲法修正に続き、九〇年九月には共和国に権限を集中させ、自由・民主主義・社会的公正を前面に掲げたセルビア共和国新憲法が制定された。一方、スロヴェニア共和国議会は八九年九月、スロヴェニアの近代文学史上最大の作家プレシェレン(一八〇〇―一八四九)の作であるスロヴェニア賛歌「ズドラウリツァ」の歌声につつまれた。連邦憲法修正の方向とは逆に、「経済主権」保持の立場から「分離権」を含む共和国主権を掲げた共和国憲法修正案を可決した。

歴史上、自らの国家を形成したことのないスロヴェニアが「国家主権」を強調し、「分離権」を持ちだしてまで、「経済主権」を保持しようとする事態にたち至ったのである。「連邦制の危機」はだれの目にも明らかであった。

3　東欧変革の流れのなかで

遅れた「実験国」

八九年秋から冬にかけて、東欧諸国で急速な体制転換が進行し、共産党による一党体制が崩壊した。八〇年代に、ポーランドやハンガリーでは経済状況の悪化を契機として、共産党が経済問題の解決のために様々な改革に取り組むが、効果をあげられず、自由化・民主化を求める野党勢力と協力せざるを得なくなる。その過程で、さらに大きく力を増す野党勢力により、一元的な共産党支配の社会主義が否定された。こうして、複数政党制による自由選挙が実施されたのである。

自主管理社会主義の国ユーゴは、東欧諸国のなかで最も「民主的」な国と見なされてきたが、八〇年代の民族対立を通じて最も「民主化」が遅れた国となってしまった。五四年に、権力集中の排除と分権化による民主主義的な統一をすみやかに進めることを主張して、副首相の職を解任されたジラスは、九一年五月の『ニューズ・ウィーク』とのインタヴューに答えて次のように述べている。「かつてユーゴは、ある意味で東欧の実験場だった。今では、ソ連のための実験場にすぎない。他の東欧諸国は、すでにわが国を追い抜いてしまった」。

深刻な「経済危機」が続くユーゴにおいても、生活水準の低下に不満をいだく人々の政治的発言が目立ち始め、共産主義者同盟離れが進行していった。スロヴェニア共産主義者同盟は比較的柔軟な姿勢を示していた。西側諸国と緊密な関係をもっていたため、西側諸国を強く意識せざるを得なかった。加えて、ポーランドやハンガリーの動向にも刺激を受けて、八九年二月には大衆組織であるスロヴェニア社会主義同盟の枠外に、社会民主同盟の創設が認められた。その結果スロヴェニアでは、共産主義者同盟自らの主導により、複数政党制への第一歩が踏み出された。

一方、クロアチア共和国では、八九年一二月の共産主義者同盟大会を前に、社会主義同盟の枠内で結成されていた諸政治グループが、複数政党制移行の署名活動を行い、ゼネストの構えを見せて圧力をかけた。この結果、共産主義者同盟は大会の最終文書で、複数政党制の導入を承認するに至った。

セルビア共和国でも、同じく八九年一二月に共産主義者同盟大会が開催された。ミロシェヴィチの共産主義者同盟は強固な支持基盤をもっていたが、東欧諸国の急激な体制転換やヨーロッパにおけるユーゴの位置をにらみながら、共産主義者同盟の指導的地位の放棄と政治的複数主義を承認して、複数政党制の方針を打ちだした。

こうした状況において、一党体制の放棄と複数政党制による自由選挙が既定の方針とされて、九〇年一月にユーゴ共産主義者同盟第一四回臨時大会が開催された。しかし、「民主集中制」原則の否定をも主張するスロヴェニアの代表がこの大会から退場するにおよび、ユーゴ共産主義者同盟は分裂し解体してしまう。ユーゴ統合の主要な絆であった共産主義者同盟が分裂し、これにともない、自主管理社会主義の推進母体が消滅することになったのである。自主管理社会主義と連動していた「連邦制の危機」は、抜き差しならない状態に追い込まれた。スロヴェニア共和国の主張する国家連合形態か、あるいはセルビア共和国の唱える連邦形態か、あるいは分離・独立かの問題が浮上した。

九〇年を通じて、スロヴェニアを皮切りに(四月)、六共和国で順次、戦後初めての複数政党制による自由選挙が実施された。連邦か国家連合かが主要な争点の一つであった。旧共産主義者同盟系の政党が勝利を収めたのはセルビアとモンテネグロだけであり、全体としていえることは、それぞれ民族主義的傾向の強い政府が形成されたことである。

「第三のユーゴ」を目指して

各共和国はそれぞれバラバラな動きを見せ始めた。一〇月には、国家連合の形態を求めるスロヴェニア、クロアチア両共和国幹部会の名で「国家連合のモデル」が発表され、ついで連邦幹部会も「ユーゴスラヴィアの連邦的編成構想」を公表した。こうして、「第三のユーゴ」の国家形態である、連邦の再編か国家連合かをめぐり、六共和国の話し合いが続けられることになった。

ユーゴが解体・内戦を経て、民族的憎悪のみが残されたかに見えるが、これら二つの案の概略を改めて検討しておくことも、長い目で見れば無駄ではないであろう。以下、二つの案を概観しておく。

九〇年一〇月にスロヴェニア共和国幹部会とクロアチア共和国幹部会の名で発表された「国家連合のモデル」は前文および八章からなっている(『ボルバ』一〇月八日号に掲載。『ボルバ』は戦後、ユーゴ社会主義同盟機関紙であったが、ユーゴ解体過程で連邦政府機関紙となり、解体後、独立系新聞となる)。

前文にはECの歴史と経験に学び理論化したことが述べられ、国家連合を形成する上の基本的な出発点が列挙されている。例えば、①国家連合は、共通の目的を実現するための主権国家の自由意思に基づく連合体であること、②統一市場の保障が国家連合の基礎であり、ヨーロッパ統合過程に包含されることが共通の利益であること、③国家連合は外部からの攻撃に対し全加盟国の領域の防衛に当たらねばならないこと、④個々人やすべてのエスニック・グループの人権擁護に際し同じ条件を保障すること、⑤国家連合の結合と安定のため、諸機関の要としてルクセンブルクのEC裁判所をモデルとする国家連合裁判所を設置すること、⑥国家連合としてEC加盟の可能性を考慮すること、などである。この案は加盟国がECに加盟できるまでの暫定的な形態と考えられていたように思える。

これらの点が前提条件となっているが、国家連合の構成員は特定されていない。このモデルの中心である第三章の統治権限によると、国家連合の経済関係、環境保護、防衛および安全保障、国際関係が規定されている。経済関係では、全加盟国が関税同盟を結び、共同市場を形成し、通貨同盟を結び通貨を統一して金融政策を調整する。また、環境保護に対しても、全加盟国が共通の政策を採る。防衛および安全保障に関しては、全加盟国がそれぞれの軍隊を保有するが、大臣会議が共通の戦略を調整し、加盟国の国防大臣が個々の問題を協議する。国際関係については、全加盟国が国際法上の主体であることが明記され、国家連合は個々の加盟国が締結した国際条約関係に必然的に入ることになる。したがって、第三国に対する外交上の代表権は個々の加盟国にあるが、加盟諸国は外交問題に関して相互に協議することになる。

一方、連邦幹部会が発表した「ユーゴスラヴィアの連邦的編成構想」(『ボルバ』一〇月一八日号に掲載)は従来の連邦制を維持しつつ、構成共和国の結合形態を再編しようとするものであった。第一条では、国名がセルビアとモンテネグロからなる「新ユーゴ」と同様のユーゴスラヴィア連邦共和国となり、市民の自由と権利および法の支配と社会正義に基づく民主国家であることが規定されている。第二条では国家連合モデルとは異なり、構成共和国はボスニア・ヘルツェゴヴィナ、クロアチア、マケドニア、モンテネグロ、スロヴェニア、セルビアの六つと特定されている。第三―六条では、ユーゴ連邦共和国が経済的にも法律上も統一した領域であること、六民族(クロアチア人、マケドニア人、モンテネグロ人、ムスリム人、スロヴェニア人、セルビア人）の平等、少数民族の権利保障が記されている。

共和国と連邦との関係については、共和国は連邦の枠内で一定の主権を行使する国家であり、共和国憲法が連邦憲法と抵触してはならないが、各共和国は国民投票によって示された市民の意思に基づき、連邦から分離する権利を持っている。連邦議会が、分離を決定した共和国と連邦との調整に当たる。経済面では、社会有、国有、私有、協同組合有の所有形態がすべて平等に認められ、統一市場の確保、ユーゴ国立銀行の創設、共通の財政と税制が明記されている。また、外交、軍事・安全保障面でも、連邦が主体となり、連邦の機関として二院制の連邦議会、大統領（あるいは集団大統領制）、連邦政府、憲法裁判所、最高裁判所、連邦検察庁が列挙されている。

九〇年一二月から翌年六月にかけ、以上二つの提案を中心として、六共和国の代表によって、将来の政治形態に関する話し合いが続けられた。国家連合案を主張するスロヴェニア、クロアチアと、連邦制の維持に固執するセルビア、モンテネグロのあいだにあって、連邦解体の危機を回避するためのキャスティング・ボートを握っていたボスニア・ヘルツェゴヴィナとマケドニアが、「主権国家による共同体」という、これまで出された二案の折衷案を提起した。この案の骨子は各共和国の完全な主権と国連加盟権の保有、共通の軍隊と共和国軍の並存、共通の通貨と共通の銀行、共通の議会であった。一時、この方向で新たな「第三のユーゴ」を形成する合意ができたかに見えた。しかし、事態の進展は遅く、九一年六月二五日に、スロヴェニアとクロアチア両議会が「独立宣言」をそれぞれ採択するに至ってしまった。

独立宣言

スロヴェニア共和国とクロアチア共和国で出された「独立宣言」を原語(『ボルバ』九一年六月二六日号)で見てみると、スロヴェニア議会が採択したのは「スロヴェニア共和国の自立および独立に関する憲法上の決議」であり、クロアチア議会が採択したのは「クロアチア共和国の主権および自立に関する憲法上の決議」である。使われている言葉が異なっている。スロヴェニアはまさに独立宣言であるが、クロアチアの場合は本来なら「自立宣言」としか訳せない。両共和国とも、連邦憲法が失効し、共和国憲法のみが適用されることを宣言している。しかし、二つの「決議」を比べてみると、クロアチアの力点は主権国家の宣言にあり、「独立」にあるのではないことは明白である。一方、スロヴェニアの目的は明らかに「独立」であるように思われる。

同じように見られているが、この時点で経済的に最も進んでいた共和国のスロヴェニアがはっきりと独立を目指していたのに対して、クロアチアは経済的・軍事的な裏付けに必ずしも自信を持っていたわけではなかったため、自立という言葉を用いたものと推測される。クロアチアはまだ国家連合にこだわっていたのであり、独立を明確に打ちだすのはクロアチア内戦が本格化してからのことである。

スロヴェニアとクロアチアの「独立宣言」と連邦解体に関して、もう一つふれておくことがある。両共和国の「独立宣言」はもっぱら民族自決という「正義の実現」との関係で考えられがちなことである。

実際、九〇年一二月に制定されたクロアチア共和国新憲法の前文をなす「歴史的基礎」において、クロアチア人が一〇〇〇年にもおよび民族のアイデンティティを保持し、その「国家性」を維持してきたことが強調される。そして、クロアチア人の自決権と国家主権が不可分であり、不変であることが記される。また、同じく一二月に制定されたスロヴェニア共和国の新憲法第三条には、「スロヴェニアは国内のすべての市民からなる国家であり、スロヴェニア人の不変かつ奪うことのできない自決権に基づいている」と明記されている。

たしかに民族自決が声高に掲げられるなかで、九一年一二月のソ連、九二年一月のユーゴ、そして九二年一二月のチェコ・スロヴァキアと相次いで、社会主義体制下で連邦制を導入した多民族国家が解体した。これら一連の動きは、連邦国家とはいえ多数を占める民族が連邦中央を牛耳っていたため、民族的に抑圧されていた諸民族が連邦中央に対して、民族自決権を掲げて反旗を翻したのだと説明されることが多い。

しかし、これは連邦中央の権限の強かったソ連やチェコ・スロヴァキアの場合に言えることであって、ユーゴには妥当しない。つまり、連邦中央を独占していたロシアに対するエストニア、ラトヴィア、リトアニアのバルト三国やウクライナ、同じく連邦中央を占めていたチェコに対するスロヴァキアといった図式はユーゴには当てはまらない。

多数を占める民族のセルビアが連邦で一定の権限をもち得ていたのは、先に述べたように、戦後内務関係を統轄してきたセルビア人実力者ランコヴィチが追放された六〇年代中頃までのことである。とくに、七四年憲法以後は六共和国と二自治州が事実上同じ権限をもつ「緩い連邦制」が敷かれ、連邦の権限は極めて限られていた。したがって、ユーゴ解体の引き金となったスロヴェニア、クロアチア両共和国の「独立宣言」は実際には、連邦あるいはセルビア共和国による民族的な抑圧が加えられた結果ではなく、むしろ自己の利益を優先させる先進共和国ゆえの経済的な要因が大きく作用したものといえる。南北格差による経済的利害に民族自決が絡んでの連邦解体であった。

第六章　ユーゴスラヴィア内戦の展開

墓地に変わったサラエヴォの公園(1996年1月，提供＝毎日新聞社)

「ユーゴスラヴィア人」の行方

パリでボスニア和平協定の正式調印が行われた前日の九五年一二月一三日、『朝日新聞』に小さな記事が掲載されていた。ボスニア・ヘルツェゴヴィナの首都サラエヴォ出身の歌手ヤドランカさんのビザ延長が認められた、という内容であった。

ヤドランカさんは、八〇年代末に来日し、日本を中心に演奏活動を続けているうちに、ユーゴ内戦が生じて「祖国」を失ってしまった。この時点では、日本は新ユーゴもボスニア・ヘルツェゴヴィナ共和国も、国家要件を満たしていないとの理由で承認しておらず、旧ユーゴ発行のヤドランカさんの旅券を更新できなくなっていた。ところが、ボスニア和平協定が調印される運びになったので、ヤドランカさんのビザを旧ユーゴ旅券には押さず、日本政府が発行した在留資格証明書に押したというのである。そして九六年一月末、日本政府はボスニア・ヘルツェゴヴィナ共和国を承認するに至った。

ヤドランカさんは国勢調査の際、自らの民族を「ユーゴスラヴィア人」と申告してきており、自分の国が解体してしまったあと、ボスニア・ヘルツェゴヴィナを自分の国として選ばなければならなくなった。ヤドランカさんのように、民族を「ユーゴスラヴィア人」と規定してきた人が、ボスニア・ヘルツェゴヴィナ共和国やセルビア共和国のヴォイヴォディナ自治州といった民族の混住地域には、かなりいたのである。（ヤドランカさんは二〇一六年、ボスニアのセルビア人共和国の中心バニャ・ルカで筋萎縮性側索硬化症（ＡＬＳ）で死去。）

この「ユーゴスラヴィア人」という民族概念は、自主管理社会主義体制のもとで既存の民族を越える新たなユーゴ統合の概念として、共産主義者同盟によって提案され、導入された。旧ソ連における「ソ連人」と同様の概念であった。そもそもは、共産主義者同盟員が進んでこの概念を用いた。その後「ユーゴスラヴィア人」意識を形成しようとする統合政策が試みられたが、思うような成果をあげることはできなかった。

しかし、戦後に工業化が進められ社会的流動化現象が生じていき、とくに都市部では民族間の接触が頻繁になるにつれ、「ユーゴスラヴィア人」としての帰属意識が、個々人の社会的諸関係を円滑に進める潤滑油の働きを果たした側面が強い。また、民族の混住地域では、両親の民族が異なる場合、その子供は民族として「ユーゴスラヴィア人」を選択することが多かった。ある地域の民族的少数者が、多数者による同化傾向に抵抗する手段として、便宜的に「ユーゴスラヴィア人」を選択する場合も見られた。

戦後の六一年から、ユーゴでは一〇年ごとに国勢調査が実施されてきた。どの民族に帰属するかは自己申告であったし、七四年憲法の一七〇条に従い、どの民族にも帰属しないと申告することもできた。「ユーゴスラヴィア人」という民族概念は六一年の国勢調査から導入された。三二万人が「ユーゴスラヴィア人」と申告し、総人口に占める比率は一・七％であった。「ムスリム人」という民族概念が正式に認められた七一年には、「ユーゴスラヴィア人」は二七万人に減少したが、八一年には「七四年憲法体制」下で一二二万人に激増した。これが、九一年の旧ユーゴ最後の国勢調査では七〇万人、総人口の約三％に減ってしまった。

「ユーゴスラヴィア人」と申告する人の多かったボスニア・ヘルツェゴヴィナの場合、戦後の民族構成はムスリムが約四〇％、セルビア人が約三〇％、クロアチア人が約二〇％であった。ここでの「ユーゴスラヴィア人」の数は六一年の国勢調査では二八万人、七一年が四万人、八一年が三三万人、九一年が二四万人で人口の約六％であった。

「ユーゴスラヴィア人」の増減を概観してみると、共産主義者同盟の民族政策や時の政治状況と密接に関係していることがわかる。結局、共産主義者同盟が意図したようには、統合の推進者としての「ユーゴスラヴィア人」を着実に増やしていくことはできずに、「ユーゴスラヴィア人」はきわめて便宜的な民族概念になってしまった。しかし、戦後の社会主義体制のなかで異なる民族間の結婚が進み、両親の民族が異なるヤドランカさんのように、「ユーゴスラヴィア人」としか言いようのない人たちが数多くいたのである。

以下では、「ユーゴスラヴィア人」たちが「祖国」や自らのアイデンティティを失っていくことになった、内戦およびその後の紛争の過程とそこでの問題点を整理しておく。

1　クロアチア内戦

クロアチア国家を求めて

九〇年一二月に制定されたクロアチア共和国の新憲法には、クロアチア人が一〇〇〇年にもわたって「国家性」を保持してきたこと、クロアチア人の自決権と国家主権は不可分かつ不変のものであることが強調されていた。言語については、それまでのセルビア・クロアチア語ではなく、クロアチア語を公用語としてラテン文字を使用することが規定された（キリル文字を用いるセルビア語とラテン文字を用いるクロアチア語とは、文法的に大差がないため、両者をひとつの言語とみなして、共通語としてきた。なお、文字については全国紙の『ボルバ』を例にとると、キリル文字とラテン文字をページごとに使いわけていた）。

九〇年四―五月の自由選挙の大勝によって成立したトゥジマン政権にとって、最も重要な問題は、新憲法に規定されたクロアチア国家の実現をユーゴという国家連合形態のなかで求めるのか、独立の方向で目指すのかということであった。この時点での世論調査では、国家連合形態を望む声が圧倒的に多かった。これと関連して、もうひとつの重要な問題はクロアチア共和国内に居住する約六〇万人(人口の一二%)のセルビア人に対する取り組みである。

この時期、連邦政府首相マルコヴィチ(ボスニア生まれのクロアチア人。ユーゴ改革勢力同盟党首)と各共和国・自治州幹部会議長(大統領)を含む拡大連邦幹部会が開催され、「第三のユーゴ」を求めて協議が行われていた。一方、スロヴェニア共和国とクロアチア共和国は独自の軍隊組織の形成を始めていた。両共和国にとって、共和国軍の創設は緊急の課題であった。

これに対して、連邦国防相カディエヴィチ(クロアチア南部、ダルマツィアの後背地イモツキ近郊生まれのセルビア人)は一二月初めに民族・共和国間対立にふれて、社会主義と連邦制の維持、共和国独自の軍隊の拒否など、連邦人民軍の立場を明らかにした。この延長線上で、連邦幹部会は九一年一月に九項目からなる「武装解除命令」を出した。これは非正規武装勢力の武装解除と、非合法的に国内に持ち込まれた武器を近くの連邦人民軍部隊に渡すことを求めたものであった。一〇日間の期限つきで出された「武装解除命令」に対して、クロアチア共和国警察軍は期限が切れたあとも動員態勢を解かず、連邦との緊張関係が高まった。

一月末に至り、連邦幹部会とクロアチア共和国大統領トゥジマンとの話し合いがつき、クロアチア共和国警察軍と連邦人民軍との衝突は当面回避された。しかし、連邦幹部会の権限は弱体化しており、武装解除を徹底させることはできなかった。それどころかこの時期には、クロアチア共和国国防相シュペゲリが秘密裏に、ハンガリーからソ連製のカラシニコフ銃を大量に買い付けていたことが、ベオグラードのテレビで暴露される事態が生じている。

一月から四月にかけて、拡大連邦幹部会や六共和国首脳会議が開催され、新たな国家形態を作りあげるための討議が継続された。この間、クロアチアではトゥジマンが「武装解除命令」をめぐる連邦との緊迫した状況下で、当時のアメリカ大統領ブッシュ〔父〕に介入の要請を出していたことが発覚して、連邦検察庁から追及された。また、二月にはスロヴェニア共和国議会が「ユーゴ諸共和国の分離交渉に関する決議」や、連邦への権限委譲をすべて撤回する内容の共和国憲法修正条項を採択したことと呼応して、クロアチア共和国議会も共和国憲法を連邦憲法に優先させる旨の法改正を決めたりした。

トゥジマンは自らの国家を強く求める姿勢を前面に掲げ、クロアチア人の強い支持に支えられて、クロアチア国家の実現のために活発な行動を展開した。こうした状況において、国内の少数者セルビア人の行動が激しさを増していくのである。

「セルビア人問題」

九一年六月にスロヴェニアとクロアチア両共和国議会が独立宣言を採択したあと、スロヴェニアでは、オーストリアやイタリアとの国境地域の管理権をめぐり、スロヴェニアに駐屯していた連邦人民軍と共和国軍との小競り合いが生じた(「一〇日戦争」)。しかし、連邦人民軍が共和国軍の軍事力を過小評価していたため、自滅してしまい、スロヴェニアからの撤退を余儀なくされた。こうして、六月末には、ECの仲介で休戦協定が結ばれた。これに対して、クロアチアでは、共和国軍とセルビア人武装勢力との衝突が繰り返され、内戦にまで至ってしまう。

クロアチアでは、トゥジマン政権が、クロアチア人の民族自決権に基づくクロアチア人国家の創設を宣言したため、クロアチア内のセルビア人の反発を招き、小規模の武力衝突が続いていた。九一年九月には、セルビア人の保護を掲げる連邦人民軍がこれに介入するにおよび、内戦が展開されたのである。この過程で、第二次世界大戦期の「クロアチア独立国」当時の忌まわしい記憶がよみがえり、相互の憎悪の感情が増幅されていき、クロアチアははっきりと独立の方向を打ち出したものと思われる。九二年三月には、内戦は民族混住地域のボスニア・ヘルツェゴヴィナ共和国に舞台を移し泥沼化していく。

スロヴェニアの「一〇日戦争」は別として、クロアチア内戦とボスニア内戦は、基本的には「セルビア人問題」と言うことができる。セルビア人はセルビア共和国以外にも、ユーゴ内に約二〇〇万人が散在していた。スロヴェニア共和国にはほとんどいなかったが、隣接するクロアチア共和国には約六〇万人、ボスニア・ヘルツェゴヴィナ共和国には約一三〇万人のセルビア人が居住していた。スロヴェニアでは、独立国家が作られても「セルビア人問題」は発生しようがなかった。一方、クロアチアやボスニア・ヘルツェゴヴィナでは、独立国家の形成によって、それぞれの国で少数者となることを嫌ったセルビア人の動向が、今回の内戦の基本的な要因となったのである。

クロアチアでトゥジマン政権が発足して間もない九〇年九月初め、クロアチア共和国内のセルビア人が多数を占めるクライナ地方（ボスニア・ヘルツェゴヴィナ共和国の西側）で「クライナ・セルビア人自治区」の創設が宣言された。さらに、九一年に入ると、三月には西スラヴォニアのパクラッツでセルビア人住民とクロアチア警察軍との衝突が生じ、連邦人民軍が出動した。同じく三月には、クライナ地方のプリトヴィツェで、四月には東スラヴォニアのボロヴォ・セロでクロアチア警察軍とセルビア人住民との武装衝突が起きている。

クロアチアの独立宣言を間近に控えた九一年五月、この「クライナ・セルビア人自治区」で住民投票が行われ、住民の九〇％がセルビア共和国への編入を支持した。六月に独立宣言が出されると、クロアチア内のセルビア人勢力はクロアチア人の民族自決に対抗して、自らの民族自決を掲げて、その行動を激化させた。

クロアチア共和国軍とセルビア人勢力との衝突に加え、前述のように、九月にはクロアチアに駐留していた連邦人民軍が介入したため、クロアチア内戦はいっきょに本格化した。クロアチア共和国とセルビア共和国双方のマスメディア、とくにテレビを通して、第二次世界大戦期のウスタシャとチェトニクの蛮行を、それぞれ一方的に伝えるメディア戦争に加え、三カ月におよぶ激しい戦闘を経て、軍事的にはクロアチア側が敗北した。こうした状況において九一年一一月末に、ECに代わり国連の仲介による、ユーゴ和平会議がジュネーヴで開催された。停戦合意が成立し、国連平和維持軍のクロアチア派遣が問題とされた。

継続する「セルビア人問題」

多大な犠牲を払ったクロアチア内戦を経て、クロアチア共和国の分離独立は動かしがたいものとなる。また、内戦の過程でユーゴ解体がいっそう現実味を増し、それまで連邦維持の立場を採ってきたマケドニア共和国でも、ボスニア・ヘルツェゴヴィナ共和国でも、九一年秋には分離独立の方向性が出された。

ボスニア・ヘルツェゴヴィナでは、独立の賛否をめぐってムスリム人政党、セルビア人政党、クロアチア人政党からなる連立政権に亀裂が生じていった。あくまで分離独立に反対するセルビア人勢力と、独立に賛成するムスリム人・クロアチア人勢力との対立が明白になっていったのである。マケドニア共和国では、二五％を超すアルバニア人を抱えながら、九月に住民投票を経て議会が独立を宣言した。武力衝突をともなわない唯一の独立であった。

クロアチア共和国では一二月に入り、ドイツが単独でスロヴェニア、クロアチア両共和国の独立を承認するにおよび、セルビア人多数地域の「クライナ・セルビア人自治区」と「スラヴォニア・バラーニャ・西スレムセルビア人自治区」とが連合し、民族自決に基づき「クライナ・セルビア人共和国」の創設を宣言する。この共和国は、クロアチアの三分の一の領域を勢力下に置いた。

クロアチアはスロヴェニアとともに九二年一月、民族自決の実現を支持するドイツ主導のECによって承認された。しかし、クロアチア共和国は領内に同じく民族自決を唱えるセルビア人の「共和国」を内包していたのである。

二月末、国連安全保障理事会が約一万四〇〇〇人におよぶ国連保護軍(UNPROFOR)の派遣を決議し、クロアチア共和国の平和は「クライナ・セルビア人共和国」内の東・西スラヴォニア、南・北クライナの四地域に派遣された国連保護軍のもとで維持されることになる。しかし、「セルビア人問題」はなんら解決されておらず、ボスニア内戦と連動して長期化する。

九四年三月にはロシアの仲介により、両者の休戦協定が成立した。一〇月には、米、ロ、国連、EU(九三年一一月の欧州連合条約の発効により、欧州共同体ECが欧州連合EUとなる)が中心となり、セルビア人勢力に一定の自治を与える和平案を提示したが、セルビア共和国と接する東スラヴォニアの支配権をめぐり、クロアチア政府とセルビア人勢力との溝はなお埋まらなかった。しかし、一二月初めには、両者の間に経済関係正常化のための合意文書が調印されている。このように、「セルビア人問題」解決の方策は模索されたが、両者の民族自決権の主張、具体的には領域の設定に関する主張がぶつかり合い、「クライナ・セルビア人共和国」に展開する国連保護軍の撤退問題とも関連して、その解決は持ち越された。

九五年に入り、米、ロ、国連、EUは、セルビア人勢力に一定の自治を与える和平案を再び提示した。これにともなって、クロアチア政府とセルビア人勢力とのあいだで正常化へ向けての話し合いが進展するかに見えた。しかしトゥジマン大統領は、セルビア人支配地域に展開されている国連保護軍の駐留期限切れにともない、セルビア人勢力の反対にもかかわらず、その撤退を強く要求し、一時関係が緊張した。結局、クロアチア政府は国連保護軍の規模縮小を条件として、駐留延長を容認した。

クロアチア政府は「セルビア人問題」の政治的解決ができないまま、しだいに軍事的解決の方向を強めていく。五月には「クライナ・セルビア人共和国」の一部である西スラヴォニアを攻撃して、制圧した。アメリカの支持を取りつけた政府軍は圧倒的に優勢であり、国際社会の非難を受けることもなく、八月には「嵐作戦」によりクライナをいっきに制圧した。これにともない、二〇万のセルビア人が避難民となった。残るはセルビア共和国と国境を接している東スラヴォニアだけとなった。

結局、東スラヴォニアについては、アメリカで旧ユーゴ和平協議が続けられていた一一月一二日、セルビア人勢力がその支配権を放棄することで、クロアチア政府との合意が成立した。これにより、「セルビア人問題」は力によって一応「解決」されたが、難民の帰還問題など問題が残された。その後、一九九八年一月、セルビア人勢力により統治されていた東スラヴォニアが平和裏にクロアチアに返還されて、クロアチア内戦が終息した。

2　ボスニア内戦への拡大

作られたボスニア内戦

クロアチア共和国内の「クライナ・セルビア人共和国」に連動する形で九二年一月初旬、住み分けができない程にムスリム人、セルビア人、クロアチア人の三者が混住しているボスニア・ヘルツェゴヴィナ共和国で、セルビア人勢力が、民族自決に基づき「ボスニア・ヘルツェゴヴィナ・セルビア人共和国」(のちに「セルビア人共和国」(スルプスカ共和国)と改称)を創設した。そして、二月二九日と三月一日の両日、セルビア人がボイコットするなかで、ボスニア・ヘルツェゴヴィナ共和国の独立の賛否を問う国民投票が実施され、有権者総数の六二%(投票総数の九九%)が独立に賛成した。

これ以後、独立に反対するセルビア人と、賛成するムスリム人・クロアチア人との衝突が繰り返され、三月末には、セルビア色をいっそう強めていた連邦人民軍が、セルビア人保護の立場からこれに介入し、内戦の舞台はボスニア・ヘルツェゴヴィナに移った(内戦の過程で、クロアチア共和国軍もクロアチア人勢力支援のために派遣されている)。このボスニア内戦を激化させる契機となったのは、四月初めにドイツの主張に押されたＥＣが、承認されてしかるべきマケドニア共和国の独立をギリシアの反対で見送りながら、問題を抱えたボスニア・ヘルツェゴヴィナ共和国の独立を認めたことである。

こうした状況のなかで、内戦が激化していくボスニア・ヘルツェゴヴィナは、ムスリム人、セルビア人、クロアチア人の三者が混住していたがゆえに、三者は長い歴史の過程で共存する知恵を生みだしてきた。ボスニア・ヘルツェゴヴィナという地域の一体性は三者にとって基本的な前提条件であったにもかかわらず、それが崩れてしまった理由はなんだったのだろうか。

クロアチア内戦が本格化した当初（九一年九―一〇月）、クロアチア共和国からのセルビア人難民六五〇人を対象とした興味深い意識調査がある。これはセルビアの社会学者グループが調査したもので、ベオグラードで発行されている日刊紙『ボルバ』（九一年一二月二八―二九日号、九二年一月四―五日号、同一一―一二日号）に発表された。クロアチア共和国内のクロアチア人とセルビア人との混住地域でそれまで共生していた両者が、いつから民族衝突を起こしたのかを尋ねた質問に対し、最も多い回答は、トゥジマン率いるクロアチア民主同盟が自由選挙で勝利を収め、政権の座に就いた九〇年五月以降とするものである。また民族衝突がエスカレートした理由に関しては、マスメディアのプロパガンダ、政治指導者の政治戦略、当局による恐怖心の煽動と身近な人の逮捕、武力衝突などがあがっている。この調査はセルビア人難民を対象としたものだが、内戦の本質をついているように思われる。

ボスニア内戦に関する同様の調査は見かけていないが、同じことがいえるであろう。ボスニア・ヘルツェゴヴィナのムスリム人、セルビア人、クロアチア人は極めて近い存在であったし、歴史を振り返ってみても宗教の違いによる相互の殺し合いなどなかった。三者の共存期間の方が対立した期間よりずっと長かったことがわかる。しかし、政治的立場の相違から衝突が生じて戦闘が展開されると、言語を同じくする類似性が強いため、相互の違いがことさら政治的に強調されるようになる。これは第二次世界大戦期の「クロアチア独立国」で経験ずみのことである。

それにしても、クロアチア内戦からボスニア内戦にかけて、それぞれの民族集団の武装化の速度が早かったのには驚かされる。近隣諸国から武器が密輸されたことは事実であるが、ユーゴでは徴兵制による連邦人民軍に加え、六九年以後、有事の際にこれを補完する全人民防衛体制が敷かれていたことも大いに関係する。有事に備えて、通常兵器が各共和国や自治州に備えられていたのである。具体的には、オプシュティナと呼ばれる行政単位ごとに、武器が保管されていた。

その結果、各共和国や自治州に「民族軍」としての色彩の強い地域警察軍が即座に形成され、大量の武器や弾薬が配備されていった。全人民防衛は外敵、具体的にはソ連の軍事侵攻に対する防衛体制であって、民族や共和国間の衝突を想定してはいなかった。しかし、実際に民族衝突が生じると、全人民防衛体制は裏目にでてしまった。混住地域のセルビア人、クロアチア人、ムスリム人がともに武器を持つようになり、相互の殺戮が開始されたのである。これに加えて、戦後、「第二のユーゴ」が形成されるなかで、ヨーロッパ諸国やアメリカやカナダに脱出して反ユーゴ運動を展開していた、クロアチアやセルビアの民族主義的グループが、内戦の過程でクロアチアやボスニアに私兵集団として戻ってきたことも、それぞれの武装化を強める大きな要因であった。

ボスニアの三者の間には、相互に類似しているがゆえの、近親憎悪の感情が潜在的にあったことは確かである。こうした感情は一度表面化すると、手に負えなくなる。「撃たなければ相手に殺される」といった緊迫した状況のなかで、三者は憎悪の感情を募らせていった。それなら、三者の共存関係をいっきに切り崩すこうした感情を生み出した原因はなんだったのだろうか。先に引用した意識調査にみられるように、まず民族主義に基礎を置く各勢力指導者の政治戦略であり、これに追随するマスメディアのプロパガンダをあげなければならない。

また、主として経済的不満から、チェトニクやウスタシャの流れをそれぞれ汲む、シェシェリ率いるセルビア急進党や、パラガ率いるクロアチア権利党といった、極右民族主義勢力のもとに結集する青年層の存在も重要な要因である。さらに、混住地域という特殊な条件を十分に考慮することなく、民族自決や人権や「正義」を一義的に適用してユーゴの問題に介入した、ECやアメリカの対応のまずさにも原因を求めることができる。国際社会の対応のまずさが、三者の交渉の余地を奪ってしまったのである。このように考えると、三者の対立は歴史的所産だけではなく、政治状況のなかで作られた側面が強いといえるだろう。

「内戦」か「侵略戦争」か

九一年秋のクロアチア内戦の過程で、連邦の維持は困難になっていく。連邦解体を回避しようと努力を続けてきたボスニア・ヘルツェゴヴィナとマケドニアという二つの共和国にも変化が生じた。一〇月には、ボスニア・ヘルツェゴヴィナ共和国議会がセルビア人勢力の反対にもかかわらず、ムスリム人勢力の主導で「独立確認文書」を採択すると、セルビア人勢力はバニャ・ルカにセルビア人議会を設立し、独立反対を表明した。一方、翌一一月には、独立を宣言していたマケドニア共和国も、新憲法を制定した。両共和国とも、はっきりと独立の方向を示したのである。

ボスニア内戦はこのようなユーゴ解体にともない、独立をめぐるムスリム人、セルビア人、クロアチア人三者の対立が表面化して生じた。そもそも、ボスニア・ヘルツェゴヴィナは宗教を異にする三者の合意を大前提として成立していた共和国であったが、独立の是非をめぐり見解の対立が表面化してしまった。ユーゴの縮図といわれたボスニア・ヘルツェゴヴィナでは、ユーゴが解体の道を歩むにつれ、その影響を受けざるを得なかった。セルビア人勢力は連邦の解体により、ボスニアで数の上では第二の地位が固定化してしまうことを恐れて、独立に強く反対した。ここでも、「セルビア人問題」が浮上したのである。

ボスニア内戦では、ムスリム人、セルビア人、クロアチア人の三者がそれぞれの領域の拡大に奔走した。三者はこれを進める際、他民族を排除して民族の住み分けを実現するための手段を講じた。これが「民族浄化」と称される政策であり、この結果、ボスニア・ヘルツェゴヴィナだけで被災者・難民の数は総人口の約半数、二五〇万人近くに達している。住民の大量の流動化が引き起こされ、九一年の国勢調査によるムスリム人四四%、セルビア人三一%、クロアチア人一七%という民族構成が大きく変化し、また、戦闘を通じてセルビア人勢力がボスニア・ヘルツェゴヴィナの領域の六割以上、クロアチア人勢力が三割弱、ムスリム人勢力が一割を勢力下に置くことになる。

内戦が開始された当初、ボスニア・ヘルツェゴヴィナの独立を求めるムスリム人勢力、クロアチア人勢力と、独立に反対するセルビア人勢力との対立の図式があった。カラジッチ（セルビア民主党党首）を指導者とするセルビア人勢力とボバン（クロアチア民主同盟党首）を指導者とするクロアチア人勢力は、それぞれセルビア共和国のミロシェヴィチ政権とクロアチア共和国のトゥジマン政権から物質的および精神的な支援を得ることができた。そのため、頼る相手のいないボスニア政府のイゼトベゴヴィチ（民主行動党党首）幹部会議長を中心とするムスリム人勢力は、しだいに支配地域を狭めていった。

ところで、これまで、本書では独立の是非に端を発したボスニア三勢力の戦闘を「内戦」と記してきた。しかし、この戦闘を「内戦」ととらえるか、セルビア共和国と密接な関係を持つ連邦人民軍による「侵略戦争」ととらえるかは議論の分かれるところである。こうした違いが生じるのは、連邦人民軍の撤退過程に関するとらえ方が異なっているからにほかならない。

ボスニア・ヘルツェゴヴィナ共和国の独立宣言後、「セルビア人共和国軍」とムスリム人を中心とする地域防衛隊（ボスニア共和国軍の一部）との戦闘が展開された。四月末に新ユーゴの創設にともない、連邦が文字通り解体すると、ボスニアに駐留していた連邦人民軍の撤退問題が生じた。

ボスニアはパルチザン戦争期の主要な舞台であることに加え、戦後、この地方に多くの軍事施設が建設されたこともあり、連邦人民軍の半数近くの九万人が駐留していた。もともと、連邦人民軍の将軍や将校に占めるセルビア人の比率はきわめて高かったが、クロアチア内戦を通じて、連邦人民軍の性格が大きく変わり、その構成はセルビア人とモンテネグロ人が大半となっていた。

国際社会の圧力もあり、新ユーゴは九二年五月初めに、連邦人民軍の撤退を二週間以内に完了するように命じた。その結果、約一万五〇〇〇人が新ユーゴに撤退し、ボスニア・ヘルツェゴヴィナ出身の約七万五〇〇〇人がとどまることになった。ボスニアにとどまった兵士のほとんどが、連邦人民軍の残していった重火器とともに、セルビア人勢力、すなわち「セルビア人共和国軍」に合流したのである。

このセルビア人勢力の軍隊の指揮をとったのが、連邦人民軍の将軍としてクロアチア内戦においても強硬な姿勢を貫いた、ボスニア出身のムラディチであった。五月末の国連安保理報告でガリ事務総長は、セルビア共和国のミロシェヴィチ政権がムラディチ将軍にどれ程の影響力を行使できるのか疑わしいと述べていた。にもかかわらず、国際社会には、ムラディチとミロシェヴィチは「大セルビア主義」の考えを共通にしており、ミロシェヴィチ政権がボスニアのセルビア人勢力に多大な影響を及ぼし、軍事的支援をも与えているとの見解が形成されていった。

しかし、セルビア共和国から様々な私兵がボスニアへ入り込んだり、ミロシェヴィチ政権がセルビア人勢力に物質的な支援を与えていたことは事実だが、新ユーゴ(セルビア共和国)の軍隊が国境を越えてボスニアに侵攻する事実はなかった。にもかかわらず、ミロシェヴィチ＝セルビア人勢力＝侵略者といった短絡的な図式が作り上げられ、セルビア人一般を「侵略的」で「残虐」な民族と規定する「セルビア悪玉論」が流布した。こうした考えに基づき、五月末に国連が新ユーゴに対する制裁を決議した。この制裁は一部解除されたものの、九五年一二月にボスニア和平協定が正式に調印されたあとも、いぜんとして継続した。二〇〇〇年九月、新ユーゴ大統領選挙が実施され、野党連合のコシュトゥニツァ候補が現職のミロシェヴィチ候補に勝利を収めたが、連邦の選挙管理委員会は集計を不正に操作して、両者とも獲得票が過半数に達しなかったとして決選投票の実施を発表した。これに対し、野党連合の抗議が続き、一〇月五日にはベオグラードの連邦議会前を埋め尽くした民衆の大規模な抗議行動のなか、追い込まれたミロシェヴィチは敗北を宣言せざるをえなかった。一三年間も政権の座にあったミロシェヴィチに代わり、コシュトゥニツァ新政権のもと、ようやく国際舞台に復帰することができたのである。

ボスニア内戦の展開

九二年八月、イギリスのＩＴＮテレビがボスニアにあるセルビア人勢力の「強制収容所」に入れられたムスリム人の映像を放映し、世界的に大きな衝撃を与えた。クロアチア人勢力もムスリム人勢力も大同小異で、同様の「強制収容所」を作りセルビア人を収容していたという証言があったにもかかわらず、こちらは国際的なニュースにならず、日本を含めた世界各地に伝えられることはなかった。クロアチア内戦の過程で、旧共産主義者同盟の生き残りで容易に妥協しない、かたくななミロシェヴィチの「悪者」イメージはすでにできあがっていたので、国際世論には残虐なセルビア人というイメージがすんなりと受け入れられてしまった。（ミロシェヴィチの「悪者」イメージが形づくられる主たる要因として、クロアチアとヴァチカンというカトリック勢力の戦略が重要であり、それが功を奏したことだけを指摘しておく。）

ミロシェヴィチの強引な政治手法と飽くなき権力志向についての好悪は別として、厳しい国際環境のなかで、かれがどれ程ボスニアのセルビア人勢力を掌握し得ていたのか、また掌握しようとしていたのかは疑問の残るところである。セルビア人勢力のなかには、極右のセルビア人民族主義者グループが民兵の形で入り込んでいたし、同じようにクロアチア人勢力のなかにも極右のクロアチア人民族主義者グループが参画していた。カラジッチやボバンの統制さえ離れて、最前線で戦っている兵士が存在した。ムスリム人勢力のなかには、イスラム諸国からやって来る「ジハード」のための民兵が見かけられた。

九月から一〇月にかけて、セルビア人勢力とクロアチア人勢力とがそれぞれの領域をある程度確定するなかで、クロアチア人勢力はあえてムスリム人勢力と手を結んでいる必然性はなくなり、じょじょに両者の戦闘も行われるようになる。これまでの対立の図式が崩れ、一時はイスラム対キリスト教という十字軍以来の対立の構図が生まれた。その後、また三つどもえの戦いが展開されていくが、クロアチア人勢力はいち早く南西部のヘルツェゴヴィナを中心として勢力を確定してしまう。ヘルツェゴヴィナの中心地モスタルのネレトヴァ川にかかる美しい白い石橋（スタリ・モスト、一六世紀にオスマン帝国の建築家ハイルディンによって建造）がクロアチア人勢力によって破壊されたのは、九三年一一月であった（二〇〇四年に再建）。以後、混住の度合いの強かったセルビア人勢力とムスリム人勢力との陣取り争いは果てしなく続いていく。

この過程で、今度はセルビア人勢力によるムスリム人女性に対する「集団レイプ」というセンセーショナルなニュースが全世界に流れ、九三年一月にアメリカの週刊誌『ニューズ・ウィーク』に掲載された関連記事は大きな反響をよんだ。

「強制収容所」と同様、「集団レイプ」についてもセルビア共和国の新聞『ポリティカ』（セルビア社会党寄りの新聞）では、九二年六月頃からムスリム人勢力によるセルビア人女性に対する行為が問題とされていた。責められるべきはセルビア人勢力だけではないが、九三年二月に発表されたECの「集団レイプ」調査団の報告書にみられるように、国際的にはセルビア人勢力の行為がもっぱら非難の対象とされた。三勢力が同じように残虐な行為を働いた事実を持ちだして三者同罪だといったところで仕方のないことであるが、この時期の報道はあまりにも一方的であったように思われる。それはともかく、凄惨なボスニア内戦を通じて、三者はそれぞれに深い傷を負い、共存関係は根底から崩れてしまったかのようであった。

また、九三年九月には、内戦前にボスニアのビジネスマンとして活動し、食品加工会社アグロコメルツの不正会計でスキャンダルをおこしたにもかかわらず、ボスニア・ヘルツェゴヴィナ共和国幹部会員も務めたアブディチは、政治手法の違いからイゼトベゴヴィチと対立し、ビハチを中心とするボスニア北西部に「西ボスニア自治州」を樹立した。アブディチはクロアチア人勢力やセルビア人勢力とも政治的妥協を図ろうとしており、ムスリム国家の樹立を目指すイゼトベゴヴィチの方針とは相いれなかった。ムスリム人勢力も決して一枚岩ではなかったのである。

3　ボスニア内戦と国際社会

ユーゴ内戦と欧米諸国

これまで、クロアチアやボスニアの動きを中心に叙述を進めてきたが、ここで少し国際的な視点を加えてみる。スロヴェニア、クロアチア両共和国の「独立宣言」、クロアチア内戦、ユーゴ解体、そしてボスニア内戦と続く一連のユーゴ内戦は「冷戦」後最大の紛争であり、「冷戦」後の新秩序を模索していた欧米諸国の多大な関心を呼んできた。とくに、ヨーロッパの統合を進めたEC諸国はヨーロッパの安定維持の観点から、ユーゴ問題に積極的に関与した。

九〇年に行われた自由選挙のあと、各共和国はそれぞれ別々の動きを見せ始め、ユーゴ解体の危機を迎えていく。EC諸国は当初、懸命にユーゴの解体を押しとどめようとして、連邦政府に働きかけをした。ユーゴ解体がヨーロッパの現状を破壊しかねないと考えられたからである。クロアチア内戦が始まると、ECは九一年九月にハーグでユーゴ和平会議を開催した。これ以後、イギリスのキャリントン元外相を議長とするＥＣ主導による和平会議が断続的に開かれた。

この過程で明らかとなったのは、「ドイツ対イギリス」といったＥＣ内の見解の相違であった。ドイツ、イタリア、オーストリアがクロアチアと連携し、イギリスとフランスがセルビアと密接に関係するという、第一次世界大戦以来ヨーロッパ列強がユーゴ諸国・諸地域に示した伝統的な対立の図式がまだ生き続けているようで、興味深いものがあった。

統一後まもないドイツはユーゴ問題に積極的に関与して、冷戦後のＥＣ内で影響力を強めようとしていた。スロヴェニア、クロアチア両共和国の「独立宣言」が出されると、ドイツは初めから民族自決に基づく独立承認とセルビア制裁の立場を貫いた。

これに対して、イギリスは早急な独立承認は複雑なユーゴ内の民族対立を激化させるだけだとしてドイツに反対した。ＥＣはこうした見解の違いを抱えつつ、即時停戦とユーゴの一体性の保持を基本姿勢として、緩やかな主権国家連合案を提示する。しかし、連邦の維持に固執するセルビアのミロシェヴィチ政権の反対にあい、調停に失敗してしまう。国際舞台では、クロアチアやボスニア・ヘルツェゴヴィナの独立にかたくなに反対する「悪者」セルビアとのイメージが定着していく。一方、独立承認を求めるクロアチアの「ドイツ詣で」がさらに頻繁にな

年表5　1980年代後半以後

	ユーゴスラヴィア	ソ連・東欧諸国
1985年		ソ連，ゴルバチョフが書記長に就任 ハンガリーで複数立候補制による総選挙実施
86年	セルビア科学・芸術アカデミー,「メモランダム」作成 ミロシェヴィチ，セルビア共産主義者同盟中央委員会議長に就任	
88年	スロヴェニアでヤンシャ事件 七四年憲法修正案可決	
89年	セルビア共和国憲法修正案可決 コソヴォの戦い600周年記念集会開催	東欧諸国の体制転換
90年	6共和国で自由選挙 「コソヴォ共和国」，独立を宣言	東西ドイツ統一
91年	スロヴェニア，クロアチア両共和国独立を宣言 クロアチア内戦 「クライナ・セルビア人共和国」創設	ソ連分離・解体
92年	「ボスニア・ヘルツェゴヴィナ・セルビア人共和国」創設 ボスニア・ヘルツェゴヴィナ共和国独立を宣言 ボスニア内戦開始 新ユーゴスラヴィア創設	チェコ・スロヴァキア分離・解体
95年	ボスニア空爆 ボスニア和平協定調印	
96年	ボスニア選挙実施	

る。

ユーゴの一体性の保持という方針でまとまっていたEC諸国の足並みが乱れて、民族自決権の行使として独立承認の方針が出された。キャリントン卿を議長とする会議は続けられたが進展が見られず、九一年一一月初めにECはユーゴに対する経済制裁を決定した。ユーゴ和平会議の舞台はECから国連に移った。

ソ連が急速度で解体の道をたどっていくなかで、国連におけるアメリカの役割は増大した。アメリカは国連を舞台にユーゴ問題に関与していく。クロアチア内戦に関しては、一一月末、国連仲介による初めての和平会議がジュネーヴで開催されて、クロアチア内戦の停戦合意が成立し、国連平和維持軍の派遣が検討された。国連事務総長特使のヴァンス(元米国務長官)が国連平和維持軍派遣の問題で活発な動きを見せた。

セルビア人とクロアチア人に加え、ムスリム人の三者が悲惨な戦いを展開したボスニア内戦は、欧米諸国のみならずイスラム諸国をも巻き込んだ。とくに、トルコ、サウジアラビア、イランが政治的・軍事的に大きく関与した。

アメリカがボスニア内戦に積極的に関与する契機は、九二年四月のスロヴェニア、クロアチア、ボスニア・ヘルツェゴヴィナの三国を一括して独立承認して以後のことである。サラエヴォの目を覆いたくなるような戦闘の映像がテレビを通して伝えられるなかで、「人道主義」や「正義」を何よりも重要視するアメリカの世論が、大統領選挙を控えたブッシュ政権に多大な影響を与えた。もっとも、アメリカのマスメディアが「セルビアたたき」一辺倒であったことも考えてみなければならない。ブッシュ政権は湾岸戦争以来のイラクとの緊張関係があり、他のイスラム諸国、とくにサウジアラビアやトルコによるボスニアのムスリム人政府支援要請を拒否できない事情もあったのだと思われる。

ボスニア内戦に対して、欧米諸国は九二年八月にロンドンでユーゴ和平国際会議を開催して、速やかな停戦を模索した。これを受けて、九月からヴァンスとオーエン元英外相を共同議長とする国連とECによる和平会議がジュネーヴで継続的に開かれ、政治的解決に努めた。九三年一月初めの和平会議で共同議長によって具体的な和平案が提示され、ようやく三者の合意に達するかに見えた。しかし、合意には至らず、ユーゴ和平交渉はジュネーヴからニューヨークの国連に舞台を移して継続する。

九三年一月に発足したアメリカのクリントン政権は、大統領選挙中に公約したこともあり、ボスニア内戦に積極的に関与するため、武力行使を含む独自の提案を模索していた。しかし、明確な代案を持ちだすことができず、ヴァンス＝オーエン共同議長案に沿う形で積極的に関与することを発表した。ほとんど効果がなかったが、二月末からボスニア東部地域への、輸送機による人道援助物資の投下作戦が展開された。

アメリカはこの作戦にロシアの参加をも要請した。ボスニア内戦を「対岸の火事」と考えることのできないロシアは、慎重な態度をとってきた。一方、国際的に孤立した新ユーゴは、同じ正教の国家であるロシアのエリツィン政権との関係を密にしていた。しかしロシアにとって、対ロ支援に積極的なアメリカとの関係はきわめて重要なものであり、投下作戦への参加を表明するにいたる。このように、「冷戦」後のユーゴ内戦をめぐって、欧米諸国はいやが上にも自らの態度表明を迫られたが、それぞれの利害関心からなかなか足並みがそろわず、内戦に対して和平案にせよ軍事行動にせよ、効果的な手段を講ずることができなかったのである。

政治的解決か軍事的解決か

冷戦後最大の紛争であるこのボスニア内戦に対して、ＥＣと国連は「セルビア悪玉論」に依拠しつつ、二万三〇〇〇人（九四年末現在）の国連保護軍を派遣する一方で、和平会議を開催して対応してきた。政治的解決の基礎として四つの和平案が提示されているので簡単に整理しておく。

(1) ボスニアを中心に見た民族分布(1992年3月)

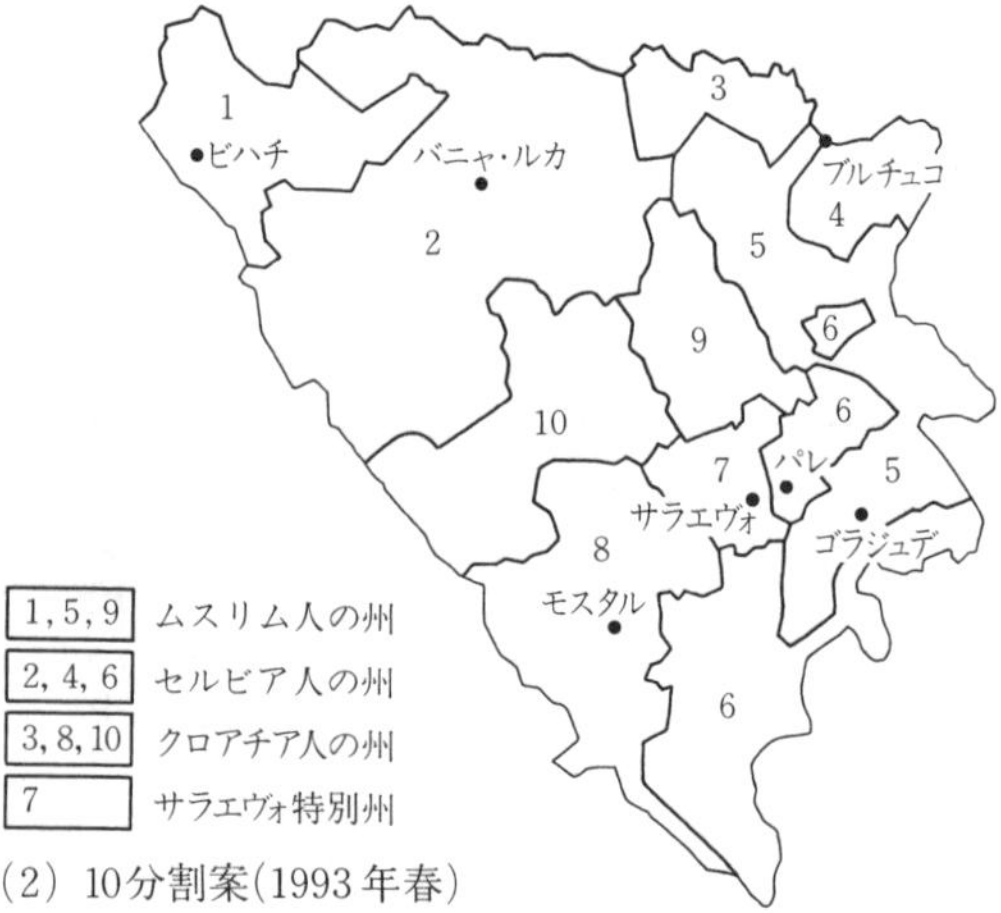

(2) 10分割案(1993年春)

地図9　ボスニア和平をめぐる推移

(3) 3分割案(1993年9月)

(4) 2分割された
ボスニア(1995年11月)

第一の和平案は内戦が本格化する直前の九二年三月、当時ECの議長国ポルトガルがリスボンで提示した「クティリェロ案」である。ボスニアは三民族からなる一国家とし、三民族に第三者をも加え、五年という十分な時間をかけて領域の画定を行う。そして、三民族のカントン(県)からなる連邦国家を形成するというものであった。

三勢力は三月一八日にサラエヴォにおいて、この案の受入れで合意したが、この直後に、なおボスニア・ヘルツェゴヴィナの一体性の保持にこだわるムスリム人勢力の指導者イゼトベゴヴィチは、当時の在ユーゴ・アメリカ大使ジマーマンと接触するなかで、その支援を期待して署名を撤回してしまった。これによって、三勢力が話し合いによって問題の解決を図ろうとする可能性は失われてしまい、内戦をおしとどめることができなかった。

第二の和平案は九三年一月、ECと国連による和平会議の共同議長が提案した一〇分割案(「ヴァンス＝オーエン案」)である。これは内戦前の民族分布に基づき、一〇の州からなる連邦国家を形成し、三勢力がそれぞれ三州の知事職を確保する、サラエヴォは三勢力による特別州として非軍事化するというものであった。ムスリム人とクロアチア人勢力はこれを受諾したが、内戦によってボスニアの領土の七〇%を支配下に置いていたセルビア人勢力がこれに強く反対したため、この案も実施できなかった。

これに代わって七月以降に浮上した第三の和平案が、和平会議の共同議長による三分割案（「オーエン＝ストルテンベルク案」）である。これは内戦による実効支配地域に基づいて、三民族別の国家連合を形成する案であった。セルビア人とクロアチア人勢力の発案に基づくこの案に対しては、現状の固定化に強く反対するムスリム人勢力が受入れを拒否し続けた。このように、三つの和平案はいずれも実行に移すことができなかったのである。

ＥＵと国連主導による和平がなかなか功を奏さず、国連保護軍の犠牲者数が増えていくにつれ、国際社会には軍事力の行使による解決を求める気運が作られた。もともとＮＡＴＯ軍による空爆については、ボスニアの国連保護軍に最大の兵力を送り込んでいるフランスやイギリスなどヨーロッパ諸国と、兵士を派遣していないアメリカとの間で見解の違いがみられた。フランスとイギリスは地上の国連保護軍兵士に多大な影響を与えかねない空爆に消極的であり、一方アメリカは早期解決を目指し、空爆に積極的であった。

ちょうどこの時期の九三年一二月、国連の明石康が旧ユーゴ問題担当・事務総長特別代表に任命された。明石特別代表は国連保護軍の最高責任者として、軍事や人道援助部門など国連活動すべての直接の指揮をとることになった。着任早々、武力行使ではなく政治交渉によるボスニア内戦の解決という一貫した方針に基づいて、三勢力と接触した。アメリカを中心として国際社会に一般的となっていた「セルビア悪玉論」にとらわれることなく、三勢力と等距離の姿勢を保った。しかし、内戦の解決にNATOの軍事力を行使する方向が強まるなかで、国連や明石特別代表の存在は小さくなり、明石特別代表は九五年一一月、辞任に追い込まれてしまった。

さて、九四年二月、サラエヴォのマルカレ青空市場に迫撃砲が撃ち込まれ六八人の死者が出ると、「セルビア悪玉論」がまたもや噴きだした。サラエヴォを包囲しているセルビア人勢力がこの事件を引き起こしたとの決めつけが先行して、国連安保理でついに空爆決議が採択され、米軍を中心とするNATOによるサラエヴォ空爆が現実化した。しかし、ロシアが最終局面で登場してセルビア人勢力との調停活動に当たったことにより、この時点での空爆は回避された。これ以後、ボスニア内戦における米・ロの関与が強まっていく。

ボスニア内戦に「ムチの政策」で臨もうとする国際社会の動きは、NATOによるセルビア人勢力への限定的空爆という形で実現することになった。これには、内戦の政治的解決を早めようとする目的があったようである。限定的空爆は九四年四月に初めてボスニア東部のゴラジュデにあるセルビア人勢力の拠点に対して行われてから、一一月下旬にクロアチア領内のセルビア人支配地域クライナに実施されるまで六度におよんだ。しかし、政治的効果をあげることはできなかった。

こうした空爆と関連して、力の政策を強めようとするNATOと、あくまで政治的解決を図ろうとする国連との見解の相違がみられた。しかし国連としても、旧ユーゴに派遣された、約四万(PKO部隊全体の半数以上を占める)の国連保護軍の維持が困難となっていることは事実であり、国連保護軍の撤退問題が議論され始めた。これにともない、NATOによる本格的軍事介入の方向が模索された。

一方、九四年三月、アメリカの主導によりこれまでとは異なり、実質的にボスニアを二分割する和平案が提起されていた。アメリカはセルビア人勢力を除外し、影響力の及ぼしやすいボスニア政府(ムスリム人勢力が中心)、クロアチア人勢力、それにクロアチア共和国政府の三者をワシントンに呼び、二分割案を提示した。三者の交渉が行われ、まずボスニアの二勢力が連邦国家を形成し、この連邦国家とクロアチア共和国との間で国家連合を形成することで合意に達した。三月一八日には、クリントン大統領立ち会いのもとで、ムスリム人とクロアチア人両勢力による「ボスニア・ヘルツェゴヴィナ連邦」憲法案が調印された。興味深いのは、この憲法案によると、構成民族が、一九世紀後半のハプスブルク帝国によるボスニア統治の際に用いられた言葉と同じく、「ボシュニャク」(ボスニア・ムスリム)とクロアチア人と規定されていることである。

また、ボスニア政府とクロアチア共和国政府との間で、国家連合に関する合意書も調印された。これに対してセルビア人勢力は反発したが、五月末には暫定的な形ながら大統領にクロアチア人勢力の指導者ズバクが、副大統領にはムスリム人勢力の共和国幹部会副議長ガニッチが選出され、「ボスニア・ヘルツェゴヴィナ連邦」が発足した。イゼトベゴヴィチ共和国幹部会議長は現職にとどまり、いぜんとして実権を保持することになる。さらに、六月末に形成された連邦政府の首相には、ムスリム人勢力のシライジッチ外相（九六年一月、政治路線の違いからイゼトベゴヴィチと対立して、首相を辞任）が任命された。この時の連邦政府の民族構成はボシュニャク一四名、クロアチア人一三名、セルビア人一名であった。

和平協定の成立

「ボスニア・ヘルツェゴヴィナ連邦」が既成事実となっていくなかで、ボスニア和平はこの延長線上で進められていく。ＥＵと国連に代わり、九四年五月にはボスニア和平のために米、ロ、英、仏、独からなる「連絡調整グループ」が形成された。「連絡調整グループ」は、七月に四つめの和平案である二分割案に基づき、ムスリム人・クロアチア人勢力五一％、セルビア人勢力四九％の領土配分からなる新和平案を「最後通告」として提示して、セルビア人勢力に受諾を迫った。

セルビア人勢力は新和平案の受入れを拒否していたが、一二月に入り、「連絡調整グループ」は新和平案の修正を示した。この修正案の中心は、それまでセルビア人勢力が主張していた点を盛り込んだことであった。すなわち、ムスリム人・クロアチア人勢力五一％、セルビア人勢力四九％という領土配分の比率は変えないが、交渉により分割地図変更の余地を残したこと、セルビア人勢力にも新ユーゴとの国家連合を形成する可能性を与えたことである。これに基づき、カーター元米大統領が一二月に特使としてボスニアに赴き、両勢力と会談し、セルビア人勢力からも同意を得て、九五年一月からの四カ月停戦が成立したのである。

しかし、九五年五月一日にボスニア全土の四カ月停戦が失効してしまう。停戦期間中から、すでにムスリム人勢力とセルビア人勢力との戦闘が継続していたが、失効以後、両者の戦いは激化した。五月末には、NATO軍機がセルビア人勢力の拠点パレの武器庫を空爆した。これに対して、国際的に孤立化したセルビア人勢力は国連保護軍の要員を人質にとり、その一部を軍事施設内に鎖でつなぎ「人間の盾」とする「反人道的」な行為にでざるを得ないほどに追い込まれた。内戦最終局面の七月、国連の「安全地帯」としてオランダ軍を中心とする国連保護軍が派遣されていたボスニア東端の「飛び地」の町スレブレニツァで、セルビア人勢力の攻撃が行われ、約八〇〇〇人のムスリム人勢力の兵士と住民の男性・少年が犠牲になる大量殺害が生じた(旧ユーゴスラヴィア国際戦犯法廷はこの事件をジェノサイド[集団殺害]と認定[二〇〇一年。二五八頁参照])。一方、NATO軍の空爆はエスカレートし、八月末から九月中旬にかけて本格的な空爆が実施された。三千数百回におよぶ出撃が繰り返され、セルビア人勢力の軍事施設だけでなく、民間施設にも多大な被害を与えた。この結果、セルビア人勢力の戦闘能力は確実に低下した。

NATO軍によるセルビア人勢力空爆を契機として、ボスニア和平問題に対するアメリカの影響力がいっそう増大し、アメリカを中心とする和平の方向が明確になる。アメリカは空爆を行う一方、九月八日には紛争当事国、ボスニア、クロアチア、新ユーゴの外相を集めてジュネーヴで和平会議を開催した。この会議で、ボスニアの「セルビア人共和国」(スルプスカ共和国)が初めて国際的な承認を受け、その名称を正式に使用された。また、ボスニアの国境線維持とともにセルビア人勢力と新ユーゴとの「特別な関係」も認められた。これ以後、セルビア人勢力も和平に積極的にかかわるようになり、九月末には再度ニューヨークで三外相会議が行われた。

一一月にオハイオ州デイトンの空軍基地で、米主導のユーゴ和平協議が始められ、二三日に紛争当事国三首脳が和平協定に仮調印し、一二月一四日にはパリで正式調印された。大統領選挙を控えて、外交面で得点を稼ごうとするクリントン政権の圧力のもとで、三勢力はともに妥協を重ねた。そのなかで、ボスニアの一体性を唱え続けてきたムスリム人勢力が、事実上の二分割を認めたことからして、最も大きな妥協をしたということができる。

この結果、三年半以上におよぶ内戦が一応終息した。領土配分をムスリム人とクロアチア人勢力からなるボスニア連邦に五一％、セルビア人共和国に四九％とした上で、「単一の国家」が維持されることになる。これまで展開されていた国連保護軍に代わり、米、英、仏などNATO軍を中心とする多国籍の平和実施部隊（IFOR）六万人が、一年の任期で和平の実施に当たる［一九九六年に安定化部隊（SFOR）に継承］。

しかし、軍事力を備えたボスニア連邦とセルビア人共和国からなる「単一国家」をいかに維持するのか、両者の領域を実際にどのように設定するのか、大量の難民帰還問題にどう対処するのかなど、多くの課題が残された。

九六年に入り実際に、協定合意が実施に移され、各勢力の切り離しと武器の引渡しが進んだ。しかし、ボスニア連邦の支配地域に組み込まれたサラエヴォ周辺のセルビア人たちの大量移住の問題が生じたり、ボスニア連邦を築くべきボシュニャクとクロアチア人勢力とが衝突を起こしたり、イスラムの教えに熱心なイゼトベゴヴィチと、アメリカと密接な関係をもつ欧米寄りのシライジッチとの対立が表面化したり、混乱した情勢が続いた。難民帰還計画も緒についたばかりであるが、大枠では和平協定のスケジュールに沿って事が進んだといえよう。九六年九月には、大統領評議会員(三名)、国会議員、ボスニア連邦議会議員、セルビア人共和国議会議員、県議会議員、市町村議会議員を選出する総選挙が実施されて、「単一」のボスニア・ヘルツェゴヴィナの政治が歩み始めることになった。

4　少数者アルバニア人をめぐる二つの紛争

コソヴォ紛争とNATO空爆

ボシュニャク、セルビア人、クロアチア人三者の対立から、死者・行方不明者約一〇万人(サラエヴォの民間シンクタンクRDCの二〇一三年の報告による)、二〇〇万人以上の難民・避難民を出した凄惨なボスニア内戦が一応の終結をとげたあと、ユーゴ内戦の焦点はセルビアの自治州コソヴォ(面積は約一万平方キロ、人口は約二〇〇万で、ちょうど岐阜県と同じ規模)のアルバニア人問題に移行した。

コソヴォのアルバニア人とセルビア人の問題が長い歴史的背景を持っていることについては前述したが、もう一度、コソヴォ紛争の直接的な契機となる一九八〇年代末から整理しておく。ユーゴスラヴィア社会主義連邦の時代、コソヴォはセルビア共和国に属する一自治州であり、七四年憲法により、連邦を構成する六つの共和国とほぼ同等の権限、例えば経済主権、警察権、教育権などを享受した。しかし、連邦の求心力が弱まり、セルビアでミロシェヴィチが権力基盤を固めると、かれは八九年三月にはセルビア共和国憲法を改正して、コソヴォ自治州の権限を剝奪すると、五月にセルビア共和国幹部会議長に就任した。自治権を奪われたコソヴォでは、アルバニア人勢力の自治権回復を求める動きが活発になる。

体制転換期のセルビアでは、ミロシェヴィチがセルビア社会党（セルビア共産主義者同盟を継承）を母体として、作家チョシッチらの民族派知識人グループを取り込む一方、急激な体制の変化を望まない保守層、例えば、村の農民、都市近郊の工場労働者、地方公務員、年金生活者の強い支持をつなぎとめた。一九九〇年の各共和国の自由選挙で、民族主義政党が躍進したのとは異なり、セルビアでは大きな変化は生じなかった。社会主義期の社会や人的な関係が維持され、ミロシェヴィチ政権が長期にわたって続くことになる。連邦が解体し、ユーゴ内戦が始まってからも、ミロシェヴィチは社会主義時代のネットワークをもとに、セルビア人のナショナリズムを巧みに利用して、権力を保持した。

一九九一年にクロアチア内戦が始まると、九月にコソヴォでは、アルバニア人が孤立無援のなかで「コソヴォ共和国」の独立を宣言して、セルビアとは別の議会を設置し、独自の教育を行い、独自の社会保障体制を築いた。九二年一〇月には、非暴力とセルビアとの交渉路線を貫くルゴヴァ(二〇〇六年一月に死去)が「コソヴォ共和国」の「大統領」に選出された。九五年にボスニア内戦が終結したあとも、コソヴォの自治権回復運動はなお継続する。

一九九六年九月、セルビアのミロシェヴィチ大統領とコソヴォのルゴヴァとのあいだに、初等・中等学校でのアルバニア語教育を承認する「教育協定」が結ばれた。しかし、この協定が容易に実施されることはなかった。アルバニア人たちは対抗措置として、「正規」の学校とは別の場所、例えばビルの一室に教室を設置して、「正規」のカリキュラムとは異なるアルバニア語による教育を行った。こうした状況下で、アルバニア人生徒や学生の不満が高まる。

一九九七年秋頃から、アメリカの支持を受けて、武力闘争によるコソヴォの独立を目指すアルバニア人青年を中心とする武装勢力(コソヴォ解放軍、KLA)の活動が激化した。九八年三月、セルビア政府は治安部隊をコソヴォに導入して武装勢力の掃討作戦を始めた。コソヴォのアルバニア人が大量に難民となって、近隣諸国に流出したのはこの頃のことである。国際社会、具体的にはバルカンの政治に多大な関心を示す「連絡調整グループ」（米・英・仏・独・伊・ロ）が仲介して、九九年二月にフランスのパリ郊外ランブイエでセルビア代表団とコソヴォ代表団との直接交渉が行われた。両者に提示されたNATOの起草によるランブイエ文書は、セルビア領域内でのコソヴォの自治に関して両者の合意を促すことが主目的であったが、軍事面を規定した付属文書にNATO軍のセルビア領内での自由な展開が記されていたため、セルビア側は国家主権の観点からこの文書を認めることができなかった。

ランブイエ文書が合意に至らなかったことを受けて、一九九九年三月二四日、ベオグラード市民の誰もが目を疑ったというNATO軍のベオグラード攻撃が始まる。この激しい空爆が六月初めまで七八日間も続き、セルビアの各地で軍事施設やインフラが破壊されると同時に、セルビア治安部隊の攻撃を受けてコソヴォのアルバニア人難民・避難民が八〇万人も発生した。この空爆は、ミロシェヴィチ政権によるコソヴォのアルバニア人の人権抑圧に対する「人道的介入」を理由としていた。NATO域外の地域に対する「人道的介入」の是非について、国際法の観点から議論は分かれたが、ミロシェヴィチに対する「懲罰」的な色彩が強かったと言える。空爆による多大な犠牲を受けて、六月にミロシェヴィチは日本を含むG8の和平案を受け入れた。

すぐに国連安保理が開かれ、セルビアの主権と領土の一体性が保障され、コソヴォはセルビア共和国の自治州であるとする国連安保理決議一二四四が採択された。これに基づき、コソヴォは国連事務総長特別代表をトップとする国連コソヴォ暫定行政支援団(UNMIK)が派遣されて民生面を担当し、軍事面ではNATO主体の国際部隊(KFOR)が展開され平和維持にあたることになった。今度は、セルビア人やロマ(ジプシー)が難民となって、セルビアなどに流入する事態が生じた。これ以後、約二〇万人いたコソヴォのセルビア人は、三分の一ほどに減少した。コソヴォの「和平」は成立したが、軍事力の行使は民族の対立を助長するだけであった。

マケドニア紛争

ユーゴ連邦の解体に際して、唯一、一九九一年九月に流血の惨事をともなわずに独立を宣言したのがマケドニアである。そのマケドニアでもコソヴォ紛争の影響を受け、国内の少数者アルバニア人の権利主張が強まった。九四年の国勢調査によると、マケドニアの民族構成はマケドニア人が六七%、アルバニア人が二三%、その他トルコ人、セルビア人、ロマ、ボシュニャクとなっている。九二年頃から、体制転換後のアルバニアや政治不安を抱えるコソヴォからアルバニア人が職を求めてマケドニアに流入する傾向がみられたので、アルバニア人の実数は三〇%をはるかに超えていたようである。

マケドニアのアルバニア人問題は隣接するコソヴォやアルバニア、そしてギリシアにも多大な影響をおよぼす可能性を秘めており、一九九二年から本格化するボスニア内戦がマケドニアに波及することを危惧した国連は、初めてマケドニアへの国連保護軍(UNPROFOR)の予防展開を決議した。マケドニア政府もアルバニア人政党と連立政権を組むことで、閣僚ポストを用意するなどの方策を講じた。マケドニアは、ユーゴ諸国のなかで民族共存のモデル・ケースとして、国際社会から評価されていた。

たしかに、民族共存を成り立たせる背景はあった。マケドニアの諸政党のあいだには、政策面で大きな違いが見られなかったからである。マケドニア人の主要二政党であるマケドニア社会民主同盟(共産主義者同盟が改称)と内部マケドニア革命組織－マケドニア国民統一民主党(VMRO-DPMNE、略称はマケドニア国民統一民主党)の相違は政治手法が異なることであり、アルバニア人の二政党は連立政権に加わることを共通の目的として、相互に対立することはなかった。しかし、マケドニア人民族主義を掲げるマケドニア国民統一民主党によるアルバニア人に対する強硬な姿勢は明らかであった。一九九二年にアルバニア人が近隣地域からマケドニアに流入した際、この政党はアルバニア人追放の方針を掲げた。一方、九三年一一月には、アルバニア人九名が民兵の部隊を組織して、権利拡大を求める武装蜂起を計画した容疑で逮捕された。マケドニア社会に生きる少数者アルバニア人がいだく差別感は容易に消え去るものではなかった。マケドニア出身の映画監督マンチェフスキーの映画『ビフォア・ザ・レイン』(九六年に日本公開)には、九三年頃の緊張感漂うマケドニア社会の一端が描かれている。

こうした状況のもと、一九九五年三月に、予防展開されていた国連保護軍は国連予防展開軍(UNPREDEP)と改称され、ボスニア内戦終結後も駐留期限の延長が国連安保理で繰り返し決議された。しかし、九八年三月にマケドニア政府が台湾を国家承認すると、中国政府はこれに強く抗議して、九九年二月の延長決議案には拒否権を発動した。この結果、国連によるマケドニアへの予防展開は終了することになる。予防展開は一定の抑止成果をあげたといえるが、アルバニア人問題の先鋭化を押しとどめたにすぎなかった。アルバニア人政党はマケドニア人による国民国家という憲法の規定に反感を持っており、議会でのアルバニア語の使用を主張し、マケドニア北西部の第二の都市テトヴォ(アルバニア人が五〇%を占める)にアルバニア人による大学を政府の認可なしに設立したが、国立の大学として承認されることはなかった。アルバニア人の不満はいっそう潜在化していった［のちに二〇〇四年に国立大学として承認］。

一九九九年のNATO空爆により、コソヴォのアルバニア人難民が大量にマケドニアに流入する一方、コソヴォとの境界地域ではアルバニア人武装勢力の活動が激しさを増した。二〇〇一年二月末、アルバニア人武装勢力が拠点としていたコソヴォとの境界にあるタヌシェフツィ村で、マケドニア警察官数人が殺害された。三月に入ると、アルバニア人武装勢力の活動がいっきにテトヴォにも拡大した。三月末、マケドニア政府はNATOとEUの支持を取りつけたうえで、アルバニア人の権利拡大を求めて政府との直接交渉を要求していたアルバニア人武装勢力の掃討作戦に着手する。三月から六月にかけて、マケドニア共和国軍、警察隊とアルバニア人武装勢力との衝突が断続的に続いた。この結果、四万三〇〇〇人のアルバニア人が難民となって、二年前とは逆にコソヴォに移動し、さらに五万人が国内避難民となった。民族共存のモデル国でも紛争が始まってしまった。

EUの強い圧力を受けて、六月からマケドニア人二政党とアルバニア人二政党による協議が、南西部の風光明媚な古都オフリドで進められた。アルバニア人武装勢力の代表は招集されなかったが、それでも二カ月におよぶ長い協議を経て、八月中旬にようやくアルバニア人の権利拡大を認める「オフリド枠組み合意」文書が調印された。この合意文書は、マケドニアにおいてアルバニア人問題を解決するための基礎に据えられて、以後の民主化と憲法修正の根拠となる。八月末には早くもNATO軍がマケドニアに展開し、武装勢力の武器回収にあたった。一方、アルバニア人が二〇％以上の人口を占める地域では、アルバニア語を公用語として認める動きが進められた。

合意に基づき、マケドニアの分権化を進め、職場でも学校でもアルバニア人の人口比に応じた代表制が実質化されれば、コソヴォとは異なり、民族共存の新たなモデルとなり得る。マケドニアでは、その実施に向けての地道な整備作業が続けられ、二〇〇八年と一八年には言語使用法が制定され、マケドニア語と住民の二〇％以上が話す言語が公用語とされた。その実現には時間を要するだろうが、二言語主義が制度化されたのである。

第七章　新たな政治空間への模索

ブルド－ブリユニ・プロセス第10回首脳会議(リュブリャナ，2021年5月17日．提供＝Getty Images)

二つの謝罪

セルビアの首都ベオグラードで発行されている週刊誌『ヴレーメ』の二〇一〇年一一月一一日付けの巻頭の記事は、興味深い内容であった。「地域間の謝罪の時代――オヴチャラからカブラル(セルビア西部の山)まで」と題されたこの記事によると、セルビアのタディチ大統領(民主党)がクロアチアのヨシポヴィチ大統領(クロアチア社会民主党)とともに、一九九一年のクロアチア内戦の激戦地ヴコヴァル(クロアチア東部のスラヴォニア地方にあるセルビアとの国境の町。映画『ブコバルに手紙は届かない』が九七年に日本公開)を訪れた。この記事は、半世紀前の七〇年一二月七日、西ドイツのブラント首相がポーランドのワルシャワ・ゲットー跡で跪《ひざまず》いて謝罪した歴史的な出来事を引用しながら、タディチ大統領のヴコヴァル訪問について、今後、数十年間続くことになるだろう両国の和解の過程がようやく始まったと書いている。両大統領ともすでに、それぞれボスニアを訪問して、ボスニア内戦への関与を謝罪した。

タディチ大統領は、二〇〇人のクロアチア人兵士と民間人が殺害されたオヴチャラ(ヴコヴァルの郊外)にある慰霊碑に献花し、「私は謝罪の言葉を述べ、遺憾の意を表明するためにここに来ました。……二〇世紀にセルビア人とクロアチア人に生じたことすべては、過去の書物にしまい込み、将来に向けての書物を書くことが必要です」と述べた。この後、二人は一九九一年末に民間のセルビア人一九名が殺害されたオシエク（ヴコヴァルと同様、セルビアとの国境に近いスラヴォニア地方の町）近郊のパウリン・ドヴォルを訪れ、ここで、ヨシポヴィチ大統領は犠牲者に遺憾の意を表明すると同時に、クロアチアはいかなる戦争犯罪にも強い姿勢で立ち向かうことを強調した。

ユーゴスラヴィアの解体以後、旧ユーゴ諸国間の関係の正常化は大幅に遅れた。とくに、内戦当事国であるクロアチア、ボスニアとセルビアとの関係の修復は懸案の政治課題であった。これら三国にとって、内戦時の民族主義的な政治指導者が政治の舞台から姿を消した二〇〇〇年は画期をなす年であり、和解の動きが期待された。一九九九年一二月にクロアチアのトゥジマン大統領が死去し、二〇〇〇年一〇月にはボスニアのイゼトベゴヴィチ大統領評議会議長（三人の集団大統領制の一人）が高齢と健康不安を理由に政界を引退し、同月、前章でもふれたように「民衆革命」によってセルビアのミロシェヴィチ大統領の政権も崩壊したからである。しかし、三国の関係修復は容易ではなかった。

その後、三国の和解の試みが進められるようになったのは、各国がＥＵ加盟を最優先課題に掲げていることにともなうEU向けの側面が少なくないが、政治的な和解は外圧に突き動かされてのみ生じたわけではないことにも注目する必要がある。二〇一〇年一月に大統領に選出されたクロアチアのヨシポヴィチは、それまでのクロアチア民主同盟（HDZ）ではなく、初のクロアチア社会民主党選出の大統領であり、ザグレブ大学法学部の刑事訴訟法の教授と同時に作曲家の経歴をもつ変わり種である。政治的な和解に向けての彼の積極的な行動には、この地域に平和と安定を取り戻そうとする強い意志が感じられた。ユーゴスラヴィア内戦以後三〇年が経過し、旧ユーゴ諸国間の関係は各国の政治情勢の変化とともに紆余曲折をたどっているが、和解の芽は確実に育まれており、新たな政治空間構築への模索も始められている。

1　ユーゴ解体の最終章

僅差でのモンテネグロ独立

ユーゴスラヴィア解体の過程は、二一世紀に入り最終局面を迎えた。一九九〇年から九二年にかけて、スロヴェニア、クロアチア、マケドニア、ボスニア・ヘルツェゴヴィナの各共和国が相次いでユーゴから独立宣言を出すにあたって、独立の根拠とされたのが住民投票だった。

二〇〇六年六月のモンテネグロ独立の際も、前月に独立の賛否を問う住民投票が実施された。人口六二万（〇三年の国勢調査）の国民は「モンテネグロが国際的にも国内的にも十分な主権をもった独立国となることを望むか」との質問事項が書かれた投票用紙を前にして、「ダー（イエス）」か「ネ（ノー）」の選択を行ったのである。

住民投票実施に先立つ取り決めで、独立推進派の直前の選挙結果が五〇％前後だった政情を勘案して、独立は賛成票五五％以上で成立するとされた。これは、可能な限り多くの住民がボイコットすることなく、住民投票を促すとのＥＵの強い要請による面が強く、いわば苦肉の策であった。結果は投票率八七％、賛成票五五・五％の僅差で、独立が決定した。これまでの各共和国の住民投票では、「圧倒的多数」の賛成を得たうえで独立が確認されたが、モンテネグロの場合は国論を二分する微妙な独立であった。

なぜ、このような事態が生じたのかを理解するため、モンテネグロが独立するに至る経緯を概観しておこう。第二次世界大戦後のユーゴ連邦において、六共和国の一つとなったモンテネグロは概してセルビアと歩調を合わせて行動した。ユーゴのもとで、モンテネグロ共和国を構成する主要民族としてモンテネグロ人が承認されたが、セルビア人とモンテネグロ人とは言語（セルビア語）も宗教（セルビア正教）も共通であり、セルビアが兄、モンテネグロが弟の関係にあった。両共和国は密接な経済関係を維持し、人的なつながりも強かった。一九九一―九二年にかけて、ユーゴが解体過程をたどると、モンテネグロは住民投票によりセルビアとともにユーゴに残存することを決め、九二年四月にはユーゴスラヴィア連邦共和国(新ユーゴ)を建国した。

前章で述べたように、新ユーゴはミロシェヴィチ政権のもと、ユーゴ内戦を通じて国際社会から孤立した。一九九五年一一月にボスニア内戦が終結したあとも、新ユーゴの国際社会への復帰は認められなかった。こうした事態において、モンテネグロの与党内にもミロシェヴィチ政権と距離をとり、国際社会との協力関係を進めようとする勢力が現れた。社会主義者民主党のジュカノヴィチがその中心であり、以後、モンテネグロのセルビア離れが進行する。セルビアとモンテネグロとの対立の原因は民族問題というより政治路線の相違であり、ジュカノヴィチが目指したのは経済的な利害関心からEUとの関係を強化することであった。

ジュカノヴィチはコソヴォ紛争終結後の一九九九年一一月から、セルビアの頭越しに市場化や民営化といった経済改革を進め、二〇〇〇年一〇月にミロシェヴィチ政権が崩壊すると、ドイツ・マルクを公式の通貨とし、さらに〇二年からはユーロに切り替えた。モンテネグロのセルビア離れは着実に進行していたのであり、〇三年二月に新ユーゴが連合国家セルビア・モンテネグロに再編成された際には、三年後のモンテネグロの独立は半ば織り込み済みだった。

年表6　1998年から現在

	旧ユーゴ諸国	世　界
1998年	セルビア政府，コソヴォ解放軍(KLA)の掃討作戦開始	
99年	NATOのセルビア空爆	
2000年	ミロシェヴィチ政権崩壊	ロシア，プーチン大統領就任
01年	マケドニアでオフリド合意文書調印	米，同時多発テロ
03年		米・英，イラク攻撃
04年	スロヴェニア，EU加盟	
06年	ミロシェヴィチ，ハーグの旧ユーゴ国際戦犯法廷収監中に病死 モンテネグロ，住民投票でセルビア・モンテネグロから独立	
07年		ルーマニア，ブルガリア，EU加盟
08年	コソヴォ，セルビアから一方的に独立	
12年		シリア内戦 中国，中・東欧諸国と「17+1」協力開始
13年	クロアチア，EU加盟 スロヴェニアとクロアチアの主導でブルド－ブリユニ・プロセスの「西バルカン」首脳会議開始	
14年		ロシア，クリミア編入
17年	ヴチッチ，セルビア大統領に就任	
19年	マケドニアの国名が北マケドニアに変更	
20年	モンテネグロでジュカノヴィチ体制が崩壊 ボスニア地方選挙で民族政党が敗北	英，EU離脱 新型コロナウイルス感染拡大
21年	コソヴォ議会選挙で「ヴェトヴェンドシェ(自決)」が勝利，クルティを首相とする内閣成立	

住民投票によるモンテネグロの独立は、憲法上の規定に沿った「協議離婚」の側面が強かった。問題なのは、独立推進派とセルビアとの統一派の勢力が拮抗していたことである。第一次世界大戦後にセルビア人・クロアチア人・スロヴェニア人王国に統合されて以来、八八年ぶりに独立したモンテネグロは、隣国セルビアとの友好関係を保ちながら、モンテネグロ正教会(九三年にセルビア正教会から自立)や「モンテネグロ語」(〇七年の新憲法で主要な公用語とされた)の創出を通して、セルビアと異なるアイデンティティ形成に迫られた。

独立後、モンテネグロは観光(アドリア海沿岸のコトル湾やスヴェティ・ステファン)と建設業に支えられて順調な経済発展を遂げたが、ジュカノヴィチ政権は極端な「モンテネグロ化」政策を推進した。この結果、セルビア正教徒やセルビア正教会の強い反発を引き起こしただけでなく、モンテネグロ社会の分断を加速させた。さらに、隣国セルビアやロシアとの関係も悪化する。ジュカノヴィチ政権はヨーロッパ統合過程への接近を最大の政治課題として取り組み、二〇一〇年一二月にはEUの正式加盟候補国として承認された。しかし、国内には政治腐敗や組織犯罪がはびこり、政治的安定に欠けるため、EU加盟は遅れている。一方、一七年六月には、二九番目のNATO加盟国となった。

二〇二〇年八月末、議会選挙(定数八一)が行われ、一九九一年以来三〇年間続いたジュカノヴィチの社会主義者民主党が野党連合「モンテネグロの未来のために」に敗北した。野党連合は政治腐敗の撲滅、分断された社会の回復、NATO加盟にともなう義務の履行、EU加盟に向けての努力を訴えかけて勝利を収めた。過半数をわずかに超える四一議席を獲得したに過ぎないが、自由選挙が始まって以来の社会主義者民主党の長期政権を退陣に追い込んだ意義は大きい。一二月、野党連合の代表を務めたクリヴォカピッチ（前モンテネグロ大学工学部教授、無所属）を首相とする内閣が成立した〔ジュカノヴィチは大統領職にとどまっている〕。モンテネグロの新たな歩みが始まった。

コソヴォの独立

一九九九年のNATO空爆以後、独立か自治かという地位の問題が継続していたコソヴォは二〇〇八年二月一七日、アメリカと密接に協議を重ねながら、一方的にセルビアから独立を宣言した。モンテネグロとは異なり、コソヴォの独立は国際的な承認がなかなか広がらず、国連にも加盟できない状態が続いている。北部の都市ミトロヴィツァを分断するイバル川以北の、セルビア人が多数を占める地域には、セルビアの影響力が残されたままである。

コソヴォはどのような原理に基づいて、独立を宣言したのだろうか。コソヴォ民主党のサチ首相（コソヴォ解放軍の指導者でコソヴォ民主党党首、二〇一六年に大統領に就任したが、二〇年一一月にコソヴォ特別法廷から起訴され辞任）のもとで出された独立宣言は一二項目からなっている。第一項では、国連コソヴォ地位交渉特使のアハティサーリ元フィンランド大統領が〇七年にまとめた提案（国際社会の監視下での独立）に依拠することがふれられ、第一項と同様の規定が六月に施行された憲法前文でも、「すべての市民の権利、市民的自由、法の前のすべての市民の平等を保障する自由な市民の国家の創設」とされた。第五項の言語については、多民族社会において、アルバニア語とセルビア語が公用語であり、地方レベルではトルコ語、ボスニア語、ロマ（ジプシー）語も公的に使用することができるとされ、その多民族性が強調されている。

一九九一年にスロヴェニアとクロアチアがユーゴから独立を宣言した際にその論拠とされた、民族自決の原則は掲げられていない。多数民族アルバニア人の自決権に基づく独立でないことは、アルバニア人の象徴である隣国アルバニアの国旗ではなく、EUの旗を模した新国旗（青地の旗の中央にコソヴォの領域が金色で描かれ、そのうえに、アルバニア人、セルビア人、トルコ人、ロマなどを象徴する六つの白い星が配置）によく表されている。新国歌は、歌詞のないメロディーだけの「ヨーロッパ」とされた。

コソヴォの独立に対しては、アメリカやEUのドイツ、フランス、イギリス、そして日本などがすぐに承認した。しかし、国内に同様の少数民族地域の問題をかかえる国の反対が強く、国連安保理ではロシアと中国が、EU諸国ではスペイン、ギリシア、ルーマニア、スロヴァキア、キプロスが反対の立場を変えていない。不安定な情勢が続くなか、コソヴォの独立を認めないセルビアは、コソヴォの一方的な独立が国連安保理決議一二四四および国際法によって保障されたセルビア共和国の主権と領土の一体性を侵害する行為だと主張して、問題を国連総会の場に持ち込んだ。

コソヴォの独立宣言の合法性に関する勧告的意見を国際司法裁判所(ICJ、当時の裁判長は小和田恆)に求めるセルビアの提案が、二〇〇八年一〇月に国連総会で採択された。〇九年一二月、ICJのコソヴォ独立宣言の合法性に関する口頭弁論が開始され、一〇年七月にようやく、ICJはコソヴォの独立宣言が国際法に違反するものではないとの勧告的意見を公表した。この勧告的意見を受けて、九月の国連総会でコソヴォ問題が取り扱われ、EUを仲介者としてセルビア政府とコソヴォ政府が解決策を求める対話を始めるよう促す決議が採択された。一二月には、EULEX(EU法の支配ミッション)がそれまで国連の管轄下にあった警察、司法、税関の業務を引き継ぎ、EUが中心となってセルビアとコソヴォの関係の正常化に取り組むことになる。

二〇一一年三月、EUの主導によるセルビア政府とコソヴォ政府との直接協議が開始された。両者はブリュッセルで断続的に実務的な話し合いを行い、移動の自由の保障などでの合意が成立する。さらに、一二年から一三年にかけて、コソヴォのサチ首相とセルビアのダチッチ首相(セルビア社会党党首、当時の連立与党首相)との首相間の協議がブリュッセルで繰り返された。一三年四月、両者のあいだに、重要な一五項目の「ブリュッセル合意」が成立した。この合意の眼目は、当面、コソヴォ承認問題を棚上げにして、セルビアとコソヴォの関係の正常化を目指すことであり、コソヴォに「飛び地」状態で散在する少数者セルビア人が多数を占める自治体からなる「セルビア人自治体の共同体」(ZSO)を創設し、その権利を保障することであった。

その後も、コソヴォとセルビア政府はEUとの関係をそれぞれ進め、両者の正常化に向けての努力が続けられた。しかし、二〇一五年一一月、コソヴォのユネスコ加盟申請がロシアとセルビアの強い反対により否決されると、両者の関係は悪化した。一六年末に、コソヴォ問題に一貫して多大な関心を示してきた民主党政権のアメリカに共和党のトランプ政権が生まれ、コソヴォ問題への消極的な姿勢が明らかになった。アメリカ依存の傾向が強かったコソヴォ政府は追い詰められた。こうした状況下で、外国勢力に依存しない独立を主張する新たな野党「ヴェトヴェンドシェ(自決)」が勢力を拡大した。

二〇一七年と一九年の議会選挙で、「ヴェトヴェンドシェ」は若い世代の政治不満を吸収して、第一党に躍り出た。二一年二月の総選挙では議席数を倍増させて、定数一二〇議席中五八議席を占めるに至る。二〇年九月初め、トランプ大統領の仲介でセルビアのヴチッチ大統領（セルビア進歩党）とコソヴォのホティ首相（コソヴォ民主同盟）のあいだで成立した経済関係正常化の合意は、ＥＵのもとで続けられてきた両国関係正常化の協議を確認したに過ぎない。最近の両国の協議では、セルビア人が多数を占めるコソヴォの北部地域と、アルバニア人が多数を占めるセルビアの南部地域との「領土交換」まで持ち出されていた。

しかし、二〇二一年三月に発足した「ヴェトヴェンドシェ」党首のクルティを首相とする新政権（一五名の閣僚のうち五名が女性）は、これまでとは異なりセルビアとの協議を最優先事項とせずに、むしろアルバニアとの関係強化に基づく姿勢を明確にしている。ＥＵの仲介のもと、両国の正常化交渉が続けられているが、その焦点は「ブリュッセル合意」の履行に加え、ＥＵへの同時加盟の交渉に移行することになるだろう。

2　ヨーロッパ統合と旧ユーゴ諸国の分断

スロヴェニアのEU加盟

セルビアとモンテネグロが分離し、さらにセルビアからコソヴォが独立する事態が続いたが、いち早く独立を宣言したスロヴェニアとクロアチアはその後どのような経緯をたどったのだろうか。一九九一年六月二五日、スロヴェニア共和国議会はクロアチア共和国議会とともに、独立宣言を採択した。この直後、国境の管理権をめぐり一時、連邦人民軍との「一〇日戦争」が生じたが、ECの仲介により停戦合意が成立し、九二年五月には国連加盟を承認された。九三年に欧州評議会に加盟したスロヴェニアは、民主化と市場化を順調に進め、ユーゴ内戦と距離を置きながら急速度でヨーロッパ統合に向けて突き進んだ。二〇〇四年にはNATOおよびEU加盟を同時に果たし、〇七年にはユーロを導入して、〇八年一月からは東欧諸国のなかではトップを切ってEU議長国(六カ月)となったのである。

二〇〇三年にリュブリャナ大学社会科学部の世論調査研究所が実施した調査では、四〇%以上の人が旧ユーゴに対して肯定的な記憶を保持していると回答し、七三%の人が旧ユーゴ時代の方が暮らし向きはよかったと答えている。この時期、「ユーゴノスタルジー」という表現が盛んに使われ、リュブリャナのセルビア料理店は大賑わいであった。ヨーロッパ統合への道を突き進んでいたが、一方で、旧ユーゴの空間が共和国ごとに国境で区切られてしまい、それぞれ小さな空間になってしまった。この調査には、独立の牽引車であったスロヴェニアの人たちの、他のユーゴ諸国の人たちから見れば贅沢ともいえる息苦しさが表れていたように思われる。

独立以後三〇年が経過し、旧ユーゴ時代のようにセルビア・クロアチア語の教育を受けることなく、スロヴェニア語だけで教育を受けてきた世代が青年層の大半を占めるようになった。これらの世代に同じ質問をしたら、答えは大きく異なるだろう。EUの一国に生きるかれらにとって、旧ユーゴは歴史的な事象にすぎない。しかし、旧ユーゴという国が存在し、スロヴェニアもその一員であったことは消し去ることのできない歴史的事実なのである。ここでは、多様な小国スロヴェニアの二人の大統領（任期五年）を紹介してみる。

独立以後のスロヴェニアを政治主導してきたのは、二〇〇八年二月に腎臓がんのため五七歳の若さで死去したドルノウシェクである。かれはユーゴが解体の危機を迎えていた一九八九年から九〇年の一年間、輪番制の連邦集団大統領の議長を務めたあと、九一年にスロヴェニアが独立すると、自由民主党党首となり九二年から〇二年まで首相として、〇二年から〇七年までは大統領として、EUやNATOへの加盟を主導した。人口わずか二〇〇万のスロヴェニアは高度に発展した多様な社会からなっており、政治のうえでも絶対多数を占める政党はなく、政権を維持するため政党間の離合集散が日常的に繰り返されてきた。

ドルノウシェクは二〇〇五年にがんが転移して末期症状にあることを公表して、公務を続けた。この時期から、首都リュブリャナ近郊の故郷に近い村に住まいを移した。徹底して生命や環境にこだわる生活を実践してその視点から政治を考え、政治につきものの取引を時間の無駄と批判し、国家の行事さえ取りやめた。大統領の任期を終えたドルノウシェクが一政党である自由民主党を離れ、貧困層や弱者の側に立つ「すべての人々」に開かれた運動に着手したのも、スロヴェニアの小党分立状況の政治を考えるとうなずけるエピソードだ。

もう一人は、一九九〇年一月のユーゴ共産主義者同盟最後の大会に若くしてスロヴェニア代表団に加わり、初の自由選挙では共産主義者同盟・民主改革党から立候補して当選したパホルである。二〇〇八年の議会選挙で社会民主党が第一党になると、党首のパホルは短期間ではあったが首相に就任し、一二年の大統領選挙では、現職のテュルク(国連大使、リュブリャナ大学国際法教授)を破り、二期にわたり大統領職に就いている。

議院内閣制をとるスロヴェニアにおいて大統領の権限は大きくはないが、二〇一八年の議会選挙で民主党が勝利を収め、二〇一〇年には汚職事件への関与に加え、ナショナルな政治手法の強いヤンシャが三度目の首相に就任すると、パホルは国内政治のバランスをとることに腐心した。また、EU加盟を果たせていない旧ユーゴ諸国（「西バルカン」諸国）との関係強化に積極的に取り組み、スロヴェニアへの信頼を背景に、この地域のリーダーとしてその存在感を増している。

クロアチア――西バルカンからEU加盟国へ

一方、一九九一年六月の独立以後、クロアチアでは前章で述べたように内戦が拡大し、トゥジマン大統領（クロアチア民主同盟）のもとで、ナショナリズムが高揚した。内戦は一一月末、国連の仲介により停戦合意が成立して、国連保護軍（UNPROFOR）が停戦の監視にあたることで終息した。しかし、内戦は実際には、九五年八月にクロアチアの三分の一近くを占める「クライナ・セルビア人共和国」が、クロアチア軍の「嵐作戦」の攻撃を受けて消滅するまで継続した。独立後のスロヴェニアとクロアチアとの事態の展開の違いは、国内に独立に強く反対するセルビア人が多数居住しているか否かの問題、いわゆる「セルビア人問題」によるところが大きい。

クロアチア軍の総攻撃によって、国連保護軍が展開されていたセルビア人地域の北クライナ、南クライナ、西スラヴォニアは消滅した。残るは、ヴコヴァルを中心とした東スラヴォニアだけとなる。一九九五年一一月、セルビアとの国境に位置するエルドゥト村でクロアチア当局とセルビア人勢力との協定が結ばれて、東スラヴォニアには二年間の予定で国連の暫定統治が継続した。暫定統治の主たる任務はこの地域に統一的な警察機構を確立することであった。九八年一月、東スラヴォニアが平和裏にクロアチアに統合されて、クロアチア内戦はようやく終わりを遂げた。

クロアチアは一九九二年五月にスロヴェニアとともに国連に加盟し、九六年には欧州評議会にも加盟した。九九年にトゥジマン大統領が任期半ばで病死すると、クロアチアの政治状況は大きく変化した。二〇〇〇年の大統領選挙と議会選挙で、独立以後、政権を担ってきたクロアチア民主同盟が影響力を低下させた。大統領選挙ではクロアチア国民党のメシッチが勝利を収め、議会選挙ではクロアチア民主同盟が第一党ではあったが野党連合におよばず、クロアチア社会民主党のラチャンを首相とする内閣が成立した。ラチャン政権は憲法改正に取り組み、トゥジマン体制のもとで滞っていた民主化を進めると同時に、国際協調の政策を実施した。

以後、クロアチアの政治はナショナリズムの色彩を弱め、穏健化の傾向を強めたクロアチア民主同盟とクロアチア社会民主党を軸として、政権交代が行われる。クロアチアにとって最大の政治課題はEU加盟であり、「西バルカン」諸国からの脱出であった。ボスニア和平の成立後、EUはスロヴェニアを除く旧ユーゴ諸国(クロアチア、ボスニア・ヘルツェゴヴィナ、新ユーゴのセルビアとモンテネグロ、マケドニア)とアルバニアに対して、「西バルカン」という地域区分を用いるようになる。EUは「西バルカン」諸国と安定化・連合協定を結ぶことで、加盟交渉の前提条件を整えさせようとした。クロアチアは二〇〇一年一〇月に、ラチャン政権のもとで安定化・連合協定を締結し、〇三年二月に加盟申請を行った。

二〇〇四年六月にEU加盟候補国になったクロアチアにとって、懸案の事項は二つあった。一つは旧ユーゴ国際戦犯法廷(ICTY)への協力が不十分とのEUの要請に応えることであり、もう一つは隣国スロヴェニアとの国境(ムラ川流域、イストリア半島のピラン湾周辺の海洋境界)画定問題であった。この問題があったため、スロヴェニアは〇八年から〇九年にかけて、クロアチアのEU加盟交渉をブロックした。しかし、アメリカの強い圧力があり、海洋境界問題は両国の仲裁裁判所を設置して解決することになり、スロヴェニアのブロックは解除された。

その後、クロアチアの加盟交渉は進み、二〇一一年一二月にはEU加盟条約が調印された。一二年一月に加盟の賛否を問う国民投票が実施され、投票率は四四%と低調であったが、賛成票は六六%に達した。国民投票の投票率が低かった理由としては、クロアチアの経済が危機的な状況にあり、国民の生活を圧迫したこと、加えてギリシアを皮切りとするユーロ圏の経済危機が進行していたこと、ICTYから起訴された内戦期のクロアチア軍のゴトヴィナ将軍の裁判に対する国民の不満などから、EUに対する不信感が募っていたことが考えられる。このようななか、三月にはクロアチア議会がEU加盟条約を批准し、一三年七月に念願のEU加盟を果たした。

二〇二〇年一月の大統領選挙の決選投票では、クロアチア社会民主党のミラノヴィチ元首相が現職の女性グラバル＝キタロヴィチ（クロアチア民主同盟）に勝利を収めた。しかし、七月、コロナ禍の状況下で実施された議会選挙は、クロアチア民主同盟を中心とする与党連合がクロアチア社会民主党主導の野党連合に大勝した。「西バルカン」諸国からEU加盟国となったクロアチアの政治情勢はまだ安定していないが、ヨーロッパの一国として地歩を固めつつある。

北マケドニアの誕生

スロヴェニア、クロアチアとは異なり、一九九一年九月に平和裏に独立を宣言したマケドニアは、近隣諸国、とくにギリシアとの関係が悪化してECや国連の加盟が遅れた。ECからの独立承認が得られないまま、九三年四月には「マケドニア旧ユーゴスラヴィア共和国」という暫定的な国名で国連に加盟した。九四年に入ると、ギリシアがマケドニアに制裁措置という強硬策を講じたため、両国の関係は緊張した状態が続いた。

ギリシアがマケドニアという国名に強く反対した背景には、「マケドニア問題」と称される一九世紀以来の民族問題・領土問題があった。オスマン帝国が撤退し、空白地帯になったマケドニア地方の領有をめぐる近隣諸国による一九一三年の第二次バルカン戦争で、勝利を収めたギリシアとセルビアがマケドニア地方の大半を、残る一部のみを敗戦国ブルガリアが領有する三分割がなされてしまう。

第二次世界大戦後、マケドニアはユーゴスラヴィア連邦の一共和国となったが、ギリシアにもブルガリアにも、かつてのマケドニア地方の部分が残されたまま、三国の国境が固定された。マケドニア共和国が独立すると、マケドニアの新憲法には在外マケドニア人への援助規定があり、マケドニア国民統一民主党がマケドニアの統一を掲げていたため、ギリシアは「マケドニア問題」の再燃を恐れて、マケドニアという国名に強く反発したのである。両国の対立が長期化する兆しを見せたので、一九九四年からアメリカ合衆国特使として、九五年からは国際連合特使としてニメッツが両国の仲介にあたることになる。

マケドニア側は、古代マケドニア王朝の「ヴェルギナの星」を配した国旗のデザインを変更することと、在外マケドニア人の援助規定を修正することなどに大幅な譲歩を重ね、一九九五年九月に両国間で「暫定協定」が結ばれ、両国の対立は沈静化した。しかし、国名の変更を迫るギリシアの強硬な姿勢は続き、マケドニアのNATOやEU加盟が大幅に遅らされた。一方、マケドニアは首都スコピエの中心広場にアレクサンドロス三世(大王)の巨大な像を建造するなど、古代マケドニアとの歴史的な連続性を誇張する政策を掲げてギリシアを刺激した。

二〇〇八年一一月、マケドニアはギリシアによるNATO加盟妨害が一九九五年に成立した両国の「暫定協定」に違反しているとして、ギリシアを国際司法裁判所(ICJ)に提訴するにいたった。一一年一二月に、コソヴォの独立に関する提訴とともにこの問題を扱った、ICJの小和田恆裁判長は、マケドニアの提訴を正当とする裁決を下した。この裁決は拘束力をともなうものではないが、ギリシアに問題の解決に向けて再考を迫る意義はあり、ニメッツによる国連の仲介が強められた。

二〇一六年一二月のマケドニア総選挙で、野党の社会民主同盟が僅差で第二党に躍進し、翌年五月に野党による連立政権が成立すると、この論争の解決に積極的なザエフ首相のもとで状況が大きく変化する。一八年一月、ニメッツが提案する五つの国名のうち、北マケドニアとする合意が成立し、六月にはギリシアのチプラス首相とザエフ首相がこの合意に基づく協定を結ぶにいたった［プレスパ協定］。マケドニアの混乱した政治情勢のため時間はかかったが、一九年一月にマケドニア議会で北マケドニア共和国の国名がようやく承認された。

一月末、ギリシア議会もこれを承認し、長い国名論争に終止符が打たれた。二月には、ギリシアの妨害で遅れていた北マケドニアのＮＡＴＯ加盟交渉プロセスが始まり、二〇二〇年三月、正式に三〇番目の加盟国となった。一方、〇五年にすでに加盟候補国になっていたＥＵとの関係は紆余曲折を経ている。ギリシアとの国名論争は終息したが、マケドニアがシリア難民や移民流入の「バルカン・ルート」に位置づけられたため、フランスやオランダとの関係が一時悪化した。

二〇二〇年三月にＥＵ加盟交渉が進められるにいたったが、今度は隣国ブルガリアとの関係がぎくしゃくした。両国間には「マケドニア人とはだれか」「マケドニア語とはなにか」といった一九世紀以来の微妙な問題が存在するため、一七年には両国の共通の歴史や言語の類似性を踏まえた友好条約が結ばれた。しかし、ブルガリアは一九年一〇月、マケドニアで反ブルガリアの行動がみられるとして、マケドニアのＥＵ加盟交渉をブロックする用意のあることを表明した。二〇年一〇月には、マケドニアが友好条約に違反していることを理由に、実際に加盟交渉をブロックした。これに対して、マケドニアではブルガリア国旗が焼かれる事件が生じた。

マケドニア政府はこうした行為を強く非難することで、事態は収まっている。古くて新しい「マケドニア問題」は国内の政治に利用されて表面化する傾向が強いと言えるが、困難な問題である。

3　地域アイデンティティの変容

進む歴史の見直し

社会主義時代のユーゴスラヴィア社会を分断した要因の基層を成したのは、他の東欧諸国と同様に、第二次世界大戦期の歴史に深く根差した記憶だった。ユーゴスラヴィアの存在基盤は第二次世界大戦期のパルチザン戦争であったため、新たな独立国では第二次世界大戦の評価をめぐり、歴史修正主義の傾向が顕著になった。具体的に言うと、クロアチアでは「クロアチア独立国」の、セルビアではチェトニクの、スロヴェニアではイタリア占領軍に協力した郷土防衛隊(ドモブランツィ)に関する新たな評価である。

この典型的な例がクロアチアである。ここでは、クロアチアの政治と歴史の見直しの問題をとりあげてみたい。一九九一年六月に独立が宣言されたあと、まず進められたのは「脱イデオロギー化」であった。第二次世界大戦後、四五年ほど続いた社会主義ユーゴの「公式史観」が見直しの対象になった。社会主義時代の「公式史観」は、第二次世界大戦期のパルチザンによる「人民解放戦争」、チトー崇拝、ユーゴ共産党史、「友愛と統一」のイデオロギーなどと密接に結びつくものであり、ユーゴスラヴィアの各共和国に共通していた。

これに代わるクロアチアの歴史の見直しの特徴は「脱イデオロギー化」を経て、さらに「脱ユーゴ化」、クロアチアの「国民化」へと進んだことであろう。共通の空間であったユーゴに関する叙述はほとんど見られなくなり、もっぱらクロアチアのナショナル・ヒストリーに限定されていった。ユーゴに代わる歴史空間はヨーロッパになったといえる。こうした歴史の修正が、トゥジマン新政権の主導によって行われたのがクロアチアの特色である。新政権のもとで、ドイツの傀儡国家「クロアチア独立国」が再評価される一方、三〇〇〇にもおよぶパルチザンの記念碑やファシズムの犠牲者の記念碑が撤去され、社会主義者やパルチザンに因んでつけられた通りの名称も変更された。さらに、パルチザンの「蛮行」がことさら強調された。ブライブルクがその代表例である。

ブライブルクは現在、オーストリア・ケルンテン州の中心都市クラーゲンフルトの南東、スロヴェニアとの国境地帯に位置する小さな町である。一九四五年五月にドイツが降伏した際、イギリス軍が管轄していたこの地域に、ユーゴを脱出して降伏した戦争捕虜(クロアチアの郷土防衛隊(ドモブラン)、スロヴェニアの郷土防衛隊、セルビアやモンテネグロのチェトニク)や難民が三万人ほどいた。さらに、ウスタシャ軍やクロアチア郷土防衛隊、それらの家族などの一般住民も含む人たち数万人が、降伏とイギリス軍の保護を求めてユーゴ国境を越えた。イギリス軍はこれらの人たちの降伏を認めず、かれらをパルチザン側に引き渡した。パルチザンとの戦闘が生じ、多くの人たちが逮捕後に処刑された。スロヴェニアの郷土防衛隊の兵士たちにも同様の措置が取られた。

ユーゴを脱出してイギリス軍のもとで保護されていた捕虜や難民についても、ユーゴに強制送還された。これらの人たちは徒歩でスロヴェニアを通過し、クロアチアを通って、ユーゴ各地の収容所まで「十字架の道」と称される死の行進を余儀なくされた。前述した(九三頁参照)トマセヴィチによると、最終局面の戦闘で七万人が犠牲になったとされる。

クロアチアでは一九九五年に、「ブライブルクと十字架の道」五〇周年追悼式典が施行され、五月一五日が「クロアチアの自由と独立を求める戦いの犠牲者」の記念日に制定された。以後、多くの政治家、カトリックやムスリムの指導的な聖職者がブライブルクを訪れるようになった。パルチザンによる犠牲者を追悼する象徴的な場所として、ブライブルクが位置づけられた。ブライブルク詣でに行くか否かが、現在でも、クロアチアの政治家の一つの踏み絵とされる。クロアチアの人たちにとって、第二次世界大戦の記憶はなお分断されたままであり、それが政治や社会を隔てる主たる要因の一つとなっている。国民和解のためには、歴史教育の果たす役割は依然として大きい。

ユーゴの清算と後継諸国の和解の試み

歴史の見直し作業と同時に進んだのが、旧ユーゴの資産や負債の清算に関する協議であった。二〇〇一年の新ユーゴの国際社会への復帰にともない、ユーゴスラヴィアの資産や負債をどのように分割するかという清算の問題に取り組む動きが始まった。〇一年四月、国際社会の監督のもと、スロヴェニア、クロアチア、ボスニア・ヘルツェゴヴィナ、新ユーゴ(セルビア)、マケドニアの代表がウィーンに参集して、旧ユーゴの相続問題に関する協議が行われ、六月に協定が結ばれた。旧ユーゴ時代の不明確な境界の国境としての画定とは別に、これらの国のあいだで「相続に関する共同委員会」が設置され、以後、①動産・不動産、②在外公館、③資産と債務、④文書、⑤年金、⑥その他の問題が協議された。例えば、一六年一〇月、「相続に関する共同委員会」の第一八回会議がスロヴェニアのクラン近郊のブルドで開催された。

この共同委員会はスロヴェニアが仲介する形で進められ、旧ユーゴが世界の主要都市に設置した在外公館の売却が決められた。具体的には、ニューヨークの国連代表部と代表公邸、東京、ボン、ベルンの三大使館の競売の公示がイギリスの『ファイナンシャル・タイムズ』と『エコノミスト』に掲載された。東京の北品川にある旧ユーゴ大使館は、解体後に新ユーゴ大使館として、モンテネグロが独立した後はセルビア大使館として使われた。二〇一八年には大使館が売却され、セルビア大使館は高輪に移転した。

ユーゴという歴史的な空間が見直され、共通の資産が分割されてゆく状況にあって、旧ユーゴ諸国はどのような新たな政治空間を考えているのだろうか。その前提となるのは、ユーゴ内戦で敵対し不信感を深めた相互の関係の修復や和解である。この章の冒頭で、二〇一〇年代初めに、セルビアとクロアチアのあいだで見られた和解の試みを紹介した。この二国とボスニアとのその後の関係を概観してみる。

セルビアとクロアチアの良好な関係は、二〇一二年五月、セルビア大統領選挙と議会選挙で、それまでの民主党政権に代わって保守的な進歩党政権が成立した後も、対EUや相互の経済関係の推進を考慮して続いた。一三年七月一日のクロアチアのEU加盟式典には、セルビアのニコリッチ大統領、ダチッチ首相が参列した。一〇月には、クロアチアのヨシポヴィチが返礼として、初めてセルビアを訪問した。両国の関係はいっきに進むかに見えたが、クロアチアとセルビアの両国が内戦時の戦闘行為をジェノサイド罪で、国際司法裁判所（ＩＣＪ）に提訴していた裁判（両国ともにジェノサイド罪を適用する十分な証拠はないとして両国の訴えは却下）が行われるなど、内戦時の記憶は容易に消し去ることができなかった。加えて、セルビアに残されたクロアチア企業の施設の返還問題やクロアチアからの難民の財産返還問題などが横たわっていた。

二〇一五年一月のクロアチア大統領選挙で、ヨシポヴィチは敗北し、保守的なクロアチア民主同盟のグラバル＝キタロヴィチが大統領（初の女性大統領）に選出された。グラバル＝キタロヴィチ大統領はヨシポヴィチ前大統領の和解政策を逆戻りさせてしまったが、ＥＵのもとで、両国の相互理解と経済関係の強化を図る方向は変えようがないだろう。

セルビアとボスニアとの和解も、タディッチ大統領の時期に進められた。二〇一〇年三月、セルビア議会が、ボスニア内戦の最終局面で生じた一九九五年七月のスレブレニツァ事件を強く非難し、防止するためのあらゆる措置を取らなかったことを認め、これを謝罪する決議を採択した。タディッチ大統領は七月のスレブレニツァ事件の一五周年追悼式典に出席して、哀悼の意を表した。これ以後、両国の関係は大きく前進する。民主党に勝利を収めた進歩党政権もこれを踏襲した。一三年四月には、ニコリッチ大統領がサラエヴォを訪問し、タディッチ前大統領と同様に、スレブレニツァ事件を含むセルビア人のボシュニャク（ボスニア・ムスリム）に対する戦争犯罪を謝罪した。両国の経済関係は順調に拡大しており、隣国として相互依存関係も生まれてきている。セルビアと旧ユーゴ諸国との和解がジグザグの道を進みつつある。

新たな政治空間を求めて

和解の過程を進める旧ユーゴ諸国にとって、新たな空間とはEUに他ならない。EUに加盟しさえすれば、すべての課題が魔法のように解決されるといった一時の幻想はなくなったが、それでもEU加盟を最優先課題として、EUが進める地域安定化に寄与するために、相互の協力を進める姿勢を見せている。EUの圧力のもと、旧ユーゴ五カ国にアルバニアからなる「西バルカン」の地域協力を、どの国がイニシアチブをとって進めるかは重要な問題だ。EUにいち早く加盟したスロヴェニアが、この地域の安定と安全保障の観点からこの役割を担い、指導力を発揮している。この地域の国から信頼されるスロヴェニアの首相パホルとEU加盟を間近に控えたクロアチアの首相コソルが、二〇一〇年に会談したのを契機として、一三年七月に、当時のパホル・スロヴェニア大統領とヨシポヴィチ・クロアチア大統領の共同の呼びかけで発足したのが、ブルド－ブリユニ・プロセス（ブリユニはアドリア海のクロアチアの島）である。

地域協力を通じて「西バルカン」の安定を図りEU加盟の促進を目的として、ブルドでその第一回首脳会議が開催された。首脳会議はEUの代表あるいは中・東欧のEU加盟国の代表も招き、年一回開催されている。二〇一四年にドイツのメルケル首相が今後のヨーロッパ拡大を見据え、外交的な主導権を確保する目的でベルリン・プロセスを始めると、ブルド‐ブリユニ・プロセスの諸国を組み入れた。ブルド‐ブリユニ・プロセスの主催は一八年まで、旧ユーゴ諸国が交代で行ったが、一九年には初めてアルバニアが主催国になり、首脳会議はティラナで開催された。共同宣言は、EUに向けて「西バルカン」への関心を強く促すものであった。いまや、ユーゴという歴史的空間は歪に変形し、「西バルカン」となってヨーロッパと向き合っているように見えるが、「西バルカン」諸国とEUとの関係を考えるうえで「ヴィシェグラード協力」の経験は参考になるだろう。

EU加盟後も、EU内で地域協力を継続させている例がチェコ、ハンガリー、ポーランド、スロヴァキアの中欧四国からなるヴィシェグラード協力である。中欧四国は地域としてのアイデンティティを保ち、EU加盟を実現するために地域協力を進めたが、二〇〇四年にEU加盟国となってからも、共同の基金を設立して経済協力や人的交流を強化し、EU内で共同歩調をとって一定の影響力を保持している。スロヴェニアはEUの期待を受け、ヴィシェグラード協力をモデルとして「西バルカン」諸国の安定を図るブルド‐ブリユニ・プロセスを積極的に進めていると言える。一六年一一月末、ワルシャワで開催されたヴィシェグラード協力を進める中欧四国の外相会議に、ブルガリア、クロアチア、ルーマニア、スロヴェニアに加えて、「西バルカン」諸国の外相の参加を得て、「西バルカン」諸国のEU加盟に向けての支援が打ち出された。

この外相会議は、ヴィシェグラード協力の諸国とブルド‐ブリユニ・プロセスの諸国を結びつけるうえで重要であった。しかし、二つの地域グループには根本的な違いがみられる。歴史的な地域アイデンティティを共有する中欧四国とは異なり、ブルド‐ブリユニ・プロセスの諸国にとって、共通のアイデンティティはユーゴスラヴィアにもバルカンにも、ましてや「西バルカン」にもない。これらの国にとって、EUのみが共通の空間なのであり、そのために協力関係を保持しているに過ぎない。「西バルカン」諸国も近い将来、EU加盟を果たすことになるだろうが、EUに加盟した後の中欧四国のように、ブルド‐ブリユニ・プロセス諸国がEU内でグループとしてまとまって活動するか否かは確かではない。

終章　歴史としてのユーゴスラヴィア

社会主義期の各共和国旗と紋章(ベオグラード,
ユーゴスラヴィア博物館)

ユーゴ解体の要因

これまで、ユーゴスラヴィアという「実験国」の成立から解体に至るまで、そしてその後の旧ユーゴ諸国の歩みを概観してきた。ここでは改めて、「なぜ、ユーゴスラヴィアは解体してしまったのか」を考えてみたい。ユーゴ現代史・現代政治を専門とするロンドン大学ゴールドスミス校のドラゴヴィチ＝ソーソは、「なぜユーゴスラヴィアは解体したか――異なる説明の概観」という論文で、ユーゴ連邦解体についてこれまでの研究を以下のように五つに分けて整理している。

第一は、内戦当初によくなされた議論で、バルカンには古くから憎悪が継続し、それが紛争につながったというきわめてステレオタイプに満ちた「決定論」からの説明である。一時、クリントン政権時のアメリカで評判になり、日本でも翻訳が出されたカプランの著書『バルカンの亡霊たち』がその典型といえる。このほか、バルカンではさまざまな文明の衝突が繰り返されたこと、オスマン帝国のバルカン統治の特徴であった地方の自治に基づく多様性が遺産となって残されたことなどが、ユーゴ連邦の解体にも多大な影響を与え、暴力を引き起こす要因になったという、時間的に長いスパンからなされる説明である。

第二は、一九世紀に生み出された南スラヴ、具体的にはセルビア人、クロアチア人、スロヴェニア人の民族的なイデオロギーが強い影響力をもち続け、統合のイデオロギーであるユーゴスラヴィア統一主義（ユーゴスラヴィズム）が容易に浸透しなかったという説明である。第一次世界大戦後、建国された南スラヴの統一国家セルビア人・クロアチア人・スロヴェニア人王国（「第一のユーゴ」一九一八―四一年）において、ユーゴスラヴィズムが個別の民族イデオロギーに取って代わることができなかったという歴史的経験があり、こうした負の遺産がユーゴの解体にも大きな影響をおよぼしたという説明である。

第三は、第二次世界大戦時のパルチザン戦争を経て、戦後に建設された社会主義ユーゴ（「第二のユーゴ」一九四五―九〇年）の時期に、独自の自主管理社会主義システムのもとで連邦制がしかれたが、その時期にさまざまな問題が蓄積した。例えば、共和国に「経済主権」を認める七四年憲法と連邦の構造の問題、そして経済の失敗も含めて、これらの問題との関連でユーゴ連邦の解体を説明するものである。第四の論点は、一九八〇年にチトーが死去したあと、八〇年代後半にユーゴの崩壊過程が進むなかで、政治家や知識人、とくにナショナリズムを煽り立てたセルビアのミロシェヴィチ、クロアチアのトゥジマン、ボスニアのイゼトベゴヴィチなどの政治家個人が果たした役割を中心とした説明である。

第五は、国際的な要因、あるいは外的な要因からの説明である。例えば、一九九一年のドイツによる積極的なクロアチアの独立承認が国際社会を牽引したこと、あるいは九二年に、アメリカが内戦の危機をはらむことを知りながら、あえてボスニア・ヘルツェゴヴィナの独立を承認した問題といった、国際的な要因を中心として説明するものである。

ユーゴの解体を、これらの要因の一つだけで説明することはむずかしい。いくつかの要因を複合的に考えてみることが重要である。第一のカテゴリーに属するカプランの著作にみられるように、バルカンの歴史は複雑であり、特殊であるとして、この地域にはつねに憎悪が渦巻いていたという類の説明は、バルカンの歴史の一面を強調したにすぎない。バルカンはヨーロッパの一角に位置するのであり、その歴史はヨーロッパ史の一部である。バルカンの特殊性は、ヨーロッパの特殊性にも通底している。

いずれにせよ、ユーゴの解体にともなう一連の紛争は、一般的に民族紛争あるいは宗教紛争と言われることが多い。しかし、それは副次的な現象にすぎず、紛争の原因を複雑な民族構成や宗教の違いにのみ帰すことはできない。紛争の主要因は、ユーゴの自主管理社会主義が崩壊する混沌とした状況下で、権力や経済基盤を保持あるいは新たにそれを獲得しようとする政治エリートが民族や宗教の違いを際立たせ、そうした違いによって生じた流血の過去、つまり、第二次世界大戦期の戦慄の記憶を煽り立てたことにあった。他方、失業状態におかれ、将来に対する展望をもてない青年層が多数存在した。こうした青年たちが、闇経済のなかで暗躍するマフィアの率いる準軍事(パラミリタリー)組織に動員され、極端なナショナリズムに踊らされて、おぞましい暴力行為に駆り立てられたことも見落としてはならないだろう。

ユーゴ内戦と暴力

ユーゴの解体要因と関連して、「なぜ、ユーゴ内戦はあれほど暴力的だったのか」という疑問についても、若干ふれておく。ユーゴ内戦期に生じた「民族浄化」にせよ「集団レイプ」にせよ、その多くはボスニアの内戦で行われた。たしかに、ムスリム人(ボシュニャク)、セルビア人、クロアチア人が混住するボスニアの民族構成の複雑さは、目をそむけたくなるような凄惨な戦いが行われた理由の一つではあるだろう。近代の歴史を振り返ってみると、ボスニアでも、ユーゴでも、バルカンでも暴力がその歴史の重要な要素であったことがわかる。オスマン帝国から独立を達成したバルカン諸国が相互に競いあい、西欧から「ヨーロッパの火薬庫」と見なされた一九世紀末から二〇世紀初めの例を持ちだすまでもなく、近代のバルカンでは、ヨーロッパの他の地域より頻繁に暴力をともなう事件が生じており、人々が好んで暴力を行使したかのような事実もみられる。しかし、ボスニア、ユーゴ、バルカンにおける暴力は、ヨーロッパの近代史に潜む問題に他ならない。第二次世界大戦におけるナチス・ドイツの暴力を思い起こしてみれば、暴力はバルカンだけにみられる現象ではない。西欧に比べて、近代化の遅れたバルカンにおいては、「時差」が生じたにすぎない。

このように考えると、ユーゴ内戦で流布された民族という観念にともなう暴力は、この地域固有の歴史に起因するものではなく、ヨーロッパの近代史、さらに言えば、近代史一般にともなう現象であり、日本の近代史にも潜む現象であることがわかるだろう。ユーゴ内戦でみられたさまざまな暴力や殺害は遠い異国の他人事ではなく、私たちの問題としても考えてみることができるのではないだろうか。

ユーゴ(バルカン)と暴力の問題について、以下の二人の著者の考察は興味深い。一つは、イギリスの小説家レベッカ・ウェストが、一九三〇年代にユーゴをたびたび訪れて書いた旅行記『黒い仔羊と灰色の鷹』の序文の一節である。ウェストは、「暴力はたしかに、私がバルカンについて知っていることのすべてであり、南スラヴの人々についてのすべてだった。……だが、バルカンに関する俗説を受け入れたことは完全な間違いだった。南スラヴの人々が本当に暴力的なら、帝国主義という形で暴力を崇《あが》めるハプスブルク帝国のオーストリア人から、そしてのちに、全体主義という形でそれを崇めるファシストから嫌われることはなかっただろう……」と述べ、暴力がヨーロッパ近代史のそこここに潜んでいることを、鋭く指摘している。

もう一つは、ロンドン生まれのヨーロッパ近現代史（専門は近代ギリシア史）研究者で、現在コロンビア大学で教鞭をとるマゾワーの邦訳『バルカン――「ヨーロッパの火薬庫」の歴史』の一節である。「……南東ヨーロッパが相対的に貧しいことや、民族間の暴力という政治問題が、後進性を示すものだと本当に言えるのかは疑問だ。バルカンの多民族性は何世紀ものあいだ驚くほど維持されてきたのであり、その間、民族間の紛争はほとんど起きなかった。ならば、この一〇〇年か二〇〇年間に限って、多民族の混交が政治における火種になったのはなぜか？……ヨーロッパは、バルカンの人々に自分たちが何者かを定義する枠組みを与えたと同時に、自らを滅ぼす凶器となりうるイデオロギーをも、主に近代的でロマン主義的なナショナリズムという形で与えたからだ。……」

これらの引用からわかるのは、バルカンに生きる人々がお互いの違いを認めながら、知恵を絞って共生してきた事実である。ボスニア内戦は民族や宗教の違いを背景として、必然的に生じたのではない。共生してきた隣人同士が、一夜にして敵と味方に分かれてゆくメカニズムの解明はまだ十分ではないが、内戦もそれにともなう「民族浄化」も、複雑な社会構造だけが原因ではなく、政治指導者によりつくられた側面が強かったと言える。

旧ユーゴ国際戦犯法廷

ボスニア内戦が激化し、「強制収容所」や「民族浄化」といった第二次世界大戦時のおぞましい暴力の記憶が国際社会によみがえるなかで、ルワンダ国際戦犯法廷に先立つ一年前の一九九三年五月、旧ユーゴ国際戦犯法廷(旧ユーゴスラヴィア国際刑事裁判所、ICTY)が、国連安全保障理事会の決議により設置され、一一月にオランダのハーグで開廷した。戦勝国が敗戦国の戦犯を裁いた第二次世界大戦後のニュルンベルク裁判や東京裁判とは異なり、国連が憲章第七章に基づき「中立性」を旨として、戦争犯罪、ジェノサイド罪、人道に対する犯罪という国際法に反する個人の犯罪を裁くことになった。旧ユーゴ国際戦犯法廷がアドホックな国際裁判所として創設されたのは、当時続いていた内戦の抑止効果を狙う政治的な意図が強く反映されており、セルビアのミロシェヴィチを戦犯として裁くことに、この国際法廷設置の主たる目的があったといえる。

二〇〇〇年三月に始まったスレブレニツァのジェノサイド裁判とフォチャのレイプ裁判では、

今後に残る重要な判決が出された。スレブレニツァ事件のクルスティィチ被告にはジェノサイド罪が適用され、フォチャの「集団レイプ」裁判では性暴力が人道に反する罪として初めて認定された。これらの判決は国際法上、たしかに画期をなすものであり、その意義は大きい。ICTYをモデルとして、一九九八年に普遍的な刑事裁判所の国際刑事裁判所（ICC）が設立されている。そのうえで考えてみなければならないのは、ボスニアでのセルビア人勢力による「民族浄化」にともなうこれら二つの事件を結びつける存在がミロシェヴィチ個人であり、かれの命令でさまざまな戦争犯罪が実施されたとのシナリオが描かれ、ミロシェヴィチ裁判が進められた局面が見られたことである。

二〇〇一年四月、ミロシェヴィチは逮捕され、七月には当時のセルビア首相ジンジッチ（民主党、〇三年三月に暗殺）がミロシェヴィチをハーグに引き渡し、〇二年一月に裁判が始まった。しかし、その裁判は〇六年三月一一日、ミロシェヴィチが収監中に病死することによって、未決のまま幕を閉じてしまい、こうしたシナリオの検証が頓挫してしまった。そもそも、ICTYは一九九一年以降の旧ユーゴ全域を対象として設置されていたので、ボスニアでの戦犯に限定されていたわけではない。一七年一二月に閉廷したが、二四年間で起訴された人数は一六一人、そのうち九一人に有罪判決が下された。無罪は一八人、起訴取り下げは二〇人、死亡一七人、国内裁判所への委託が一三人などである。国内裁判所に委託された一三人のうち、一〇人はボスニア内戦の戦犯である。ここからも明らかであるし、有罪者九一人のうち、犯罪が実行された地域を見ると多数がボスニアと関連していることからも、ボスニア内戦の戦犯の数が多い事実は否めない。

ボスニア内戦時に、軍事力で劣勢だったボスニア政府は内戦を「国際化」するため、ミロシェヴィチ体制下のセルビアが果たした役割について国際機関に訴えたことがあった。一九九三年三月、内戦のさなかに、ボスニア政府が当時の新ユーゴに対して、ジェノサイド罪の適用を求めて国際司法裁判所(ICJ)に提訴した。ICJは国家間の紛争を扱う機関であり、ボスニア政府は、新ユーゴがボスニアで民族浄化を進めていることを国際的に広め、さまざまな戦争犯罪の責任や物質的な損害の賠償責任を新ユーゴに求めたのである。それから一〇年以上が経過した二〇〇七年二月、ICJはようやく、セルビアがスレブレニツァのジェノサイドを回避する努力をせず、ICTYに十分な協力をしていない点で責任は免れないが、国家としてジェノサイドを行った証拠はない、したがって、ボスニアに対するセルビアの戦時賠償責任はないとの判決を下した。

ミロシェヴィチ時代の負の遺産を引き継ぐセルビアでは、国際社会からユーゴ内戦の責任を一方的に押し付けられてきたという意識が強く、ボスニア内戦の加害者としてのセルビアの側面を真摯に認めることが困難であった。当時の世論調査の結果をみても、セルビア国民はICTYがきわめて政治的であり、起訴された人の多数がセルビア人に偏っていると考えて、ICTYに対する信頼度が低かった。しかし、タディチ大統領はICTYへの協力に積極的に取り組んだ。ボスニア内戦へのセルビアの係わりを認め、二〇〇五年七月のスレブレニツァ事件一〇周年追悼集会に初めて参列したのである。さらに、一〇年三月、セルビア議会が正式にスレブレニツァ事件を非難する決議を採択するにいたった。これを受けて、七月には、前章でふれたようにタディチ大統領が事件一五周年追悼式典にも出席している。

しかし、二〇一五年の二〇周年追悼式典では事件が生じた。この式典に先立ち、セルビアの友好国ロシアが、国連安保理によるスレブレニツァ事件をジェノサイドとする非難決議に、反セルビア的であり和解のためにならないとの理由で拒否権を発動したため、式典に出席したヴチッチ首相（セルビア進歩党、一七年から大統領）に投石が加えられた。国民レベルの和解の困難さを示す事件であった。

戦争犯罪人を裁くのがICTYの役割であるが、セルビア国民と同様に、クロアチアの国民のあいだにも裁判に対する不信感は根強く残っていた。しかし、ICTYの地道な捜査・調査によって集められた資料や証言は「選択的」との批判は見られるにせよ、ユーゴ内戦の実態に迫る一つの重要な手掛かりであり、それがセルビア、クロアチアとボスニアとの国家レベルの和解を促したことも確かである。

継続する「小ユーゴ」の実験

旧ユーゴの七カ国はEU加盟を最優先の政治課題に掲げ、未加盟の五カ国は加盟候補国あるいは潜在的加盟候補国としてEUとの交渉を続けている。潜在的加盟候補国(ボスニアとコソヴォ)のなかでもボスニアはまだ国際社会の監督を受けており、EU加盟には時間がかかるだろう。いまでもボスニアに国際社会の機関が置かれていることは驚くべきことだが、それは国際社会が三民族による内戦の再燃をどれほど危惧しているかの証左でもある。最後に、ボスニアにおける民族融和の現状を検討して本書のむすびとしたい。

ボスニアは多民族・多文化が共生する地域であり「ユーゴの縮図」と言われ、ユーゴを象徴する共和国だった。しかし、ボスニア内戦で、この「小ユーゴ」は凄惨な戦いを続け、民族別に区分されてしまった。一九九五年のデイトン合意による和平は、内戦によるセルビア人、ボシュニャク、クロアチア人の住み分けを容認したうえで、一つのボスニアを回復することを課す矛盾した内容であった。内戦後のボスニアは国際社会の監督下に置かれ、三民族の衝突の防止と一つの国家の維持を目的として、国家機関を超える権限をもつ上級代表が派遣された。政治制度にとどまらず、社会や経済のすべての面で民族ごとに仕組みがつくられたのである。

民族の分断が固定化されてしまったボスニアにとって、民族融和は喫緊の課題であった。歴史教科書を例にとってみると、ボスニア・ヘルツェゴヴィナには共通の歴史教科書が存在しない。ボスニアの二つの政体である、ボシュニャクおよびクロアチア人からなるボスニア連邦とセルビア人共和国では、それぞれ独自の歴史の教科書が使われている。さらに、ボスニア連邦は一〇のカントン(県)から構成されており、ボシュニャクが多数を占めるカントンではボシュニャク用の、クロアチア人が多数を占めるカントンではクロアチア人用の教科書が使用され、それぞれの歴史教育が実施される。セルビア人共和国では、セルビア人用の歴史教科書で授業が行われている。

このように、二つの政体だけでなく、ボスニア連邦ではカントンごとに異なっているカリキュラムや教科書を共通にするため、様々な試みがなされた。二〇〇〇年頃から、多くの国際機関がボスニアに入り、歴史教育を統一する課題に取り組んだ。そのなかでも重要な役割を果たしたのは、ヨーロッパの四七カ国からなる欧州評議会、ユネスコ、欧州安全保障協力機構(O

SCE)であり、これらの機関の要請を受けてドイツのゲオルク・エッカート国際教科書研究所や欧州歴史教員協会(ユーロクリオ)が協力した。多くの報告書や提言がなされたが、現地の自発的な取り組みに連動せず、民族融和は遅々として進まなかった。国際的な関心が急速に薄れるなか、民族別の政治を反映して、教育環境はむしろ民族色を強めてしまう。

ボスニアの教育は、基本的に三民族ごとに行われる。ボスニア連邦の場合、多数民族が存在しない混住地域では、「同じ屋根の下の二つの学校」と表現されるように、異なる民族が同じ学校に通いながら、校舎を壁やフェンスで仕切って異なるカリキュラムと教科書で学ぶ方式をとるか、民族ごとに別々の学校をつくるかのどちらかである。しかし、内戦時の難民や避難民が帰還する事態が増えるにともない、民族ごとの学校にも少数派の民族が通う例が見られるようになる。

二〇一七年六月、ボスニア連邦の中部、セルビア人共和国と境界を接するヤイツェにあるクロアチア人が多数を占めるギムナジウムで、民族別の教育に反対するボシュニャクの生徒と教員の興味深い集会が開かれた。ここでは三民族が学んでおり、最大民族のクロアチア人のカリキュラムを中心に、国語、歴史、宗教などの「民族科目」のみ民族別々に教育が行われていた。彼らは近くに、ボシュニャクのギムナジウムが開校されたことに抗議したのである。新たなギムナジウムの開校は民族の分断を上塗りするだけだという主張は、内戦を知らない世代の率直な叫びに聞こえる。

変革を求める若い世代の不満を背景とした二〇二〇年八月のモンテネグロ議会選挙で、長期にわたるジュカノヴィチ政権が敗北した影響は、ボスニアにもおよんだ。一一月に実施されたボスニアの地方選挙において、三民族に基礎を置くこれまでの主要政党が大きく後退した。ボシュニャクの民主行動党とセルビア人の独立社会民主主義者同盟が大打撃を受け、クロアチア人のクロアチア民主同盟も勢力を維持したものの、変化の新たな動きにさらされた。政府のコロナ対策の不手際に加え、果てしなく続く政治汚職スキャンダルに辟易し、有権者は長期化する民族主義政党による政治に否を突きつけた。その象徴はボスニア連邦の中心サラエヴォとセルビア人共和国の中心バニャ・ルカの市長選挙であり、ともに民族主義政党が敗北したのである。

二つの政体の主要都市だけでなく他の都市でも、ようやく民族を基盤としない社会民主党系の政党が勢いを増し、民族の分断を超えてボスニアを一つにする機運が高まっている。上級代表インツコ（オーストリア外交官、〇九年から二一年まで上級代表）はデイトン合意から二五年が経過した節目の年の選挙結果を歓迎し、デイトン合意がボスニアの憲法になっている現状は正常とは言えない、自らの新たな憲法を制定すべきだとの率直な感想を述べた。

たしかに、ボスニアも変化の季節を迎えている。だが、民族を基礎としない一つのボスニア・ヘルツェゴヴィナの憲法とはどのような原理に基づくのだろうか。コソヴォの独立宣言や憲法には、アメリカの主導のもとではあるが、民族ではなく「市民」という概念が基礎に据えられた。ボスニアでは、欧米由来の「市民」意識を強めることも必要だが、長い歴史のなかで培われてきた混住地域に生きる「ボスニア人」意識を教育により取り戻す試みの方が重要である。

本書旧版の結論部分でふれたとおり、ボスニアに生きる人々のアイデンティティは民族や宗教にだけあるのではなく、生活空間の地域にも置かれており一様ではない。例えば、新たな統一ボスニアは自然地理的な区分である北ボスニア地域、中央ボスニア地域、高地カルスト(ヘルツェゴヴィナ)とし、これらの地域共同体からなる連合国家にするのが最善である、という私の考えは変わらない。「実験国」ユーゴで行われた模索は、「小ユーゴ」に場所を移していましばらく続くことになるだろう。ユーゴスラヴィアの現代史はまだ幕を下ろしていない。

あとがき

最近、ユーゴスラヴィアを舞台にした映画を三本立て続けに観た。ひとつは人口二〇〇万の小国マケドニア出身の監督マンチェフスキーのデビュー作『ビフォア・ザ・レイン』、そして『旅芸人の記録』や『こうのとり、たちずさんで』などの作品で、わが国でも名の知られたギリシアの監督アンゲロプロスの『ユリシーズの瞳』、もうひとつは『パパは、出張中!』や『ジプシーのとき』でわれわれに強烈な印象を与えた、サラエヴォ出身の監督クストリツァの『アンダーグラウンド』である。三本とも、連邦の解体にともなう戦火のユーゴを背景に、ストーリーが展開されている。

今はないそのユーゴに、念願かなって留学が決まり、古びたベオグラード空港に緊張気味に降り立ってから二〇年が過ぎた。ユーゴという国にひかれ、この国の歴史を勉強してみようと思い立ってから数えれば、もう四半世紀を超えている。

当時、自主管理と非同盟の国ユーゴに対するわが国の関心は決して低いものではなかったが、私も含めて関心の大部分は「独自の社会主義」の理念にあったように思える。実際に、ベオグラードでの生活を始め、ユーゴの各共和国や自治州に足をのばしてみて感じたことは、風景や、生活習慣や、人々のメンタリティーがかなり異なる地域が、ひとつの国を作っている現実であった。北のスロヴェニア共和国から送られるスロヴェニア語のテレビ放送には、セルビア・クロアチア語のテロップがつけられている。テロップなしには、十分にスロヴェニア語を理解できないことを知った。南の後進的なマケドニア共和国の首都スコピエから、最も豊かなスロヴェニア共和国の首都リュブリャナに飛行機で行ったときなど、その落差に改めて驚かされたものである。

ユーゴの魅力はきわめて多様な地域がひとつの国を形成していることにあった。しかし、このようなユーゴは内戦を経て解体してしまった。ユーゴ研究者として、七三年間で歴史の幕を閉じてしまったユーゴとはいったい、どのような国だったのかを現時点から検討し直してみなければならない必要性を痛感していた。

新書編集部の柿原寛さんが駒場の研究室を訪れてくださったのは、ちょうどこのような時期であった。もう、二年以上も前のことになる。ユーゴの紛争をたんに「決定論」の観点から描くのではなく、それを歴史のなかでとらえ直し、そこから何を学びとるのかといった視角からユーゴ現代史を叙述してみることで意見が一致した。しかし、ボスニア内戦が継続しているなかで、いざ書き始めてみると、どの時点で区切りをつけたらよいのか決断がつかず、執筆は大幅に遅れてしまった。本格的に取り組むことができたのは、ボスニア和平協定が調印されてからのことである。

本書は『ユーゴスラヴィア現代史』と銘打っているが、ユーゴという枠組みの持つ意味を、歴史的に再考してみることを意図しているので、近代の歴史にも章を割いている。これと関連して、読者の理解に役立つと思われる多数の地図と略年表を入れてある。是非、参照してもらいたい。本書が民族や国家に関心を持つ多くの人たちに読まれることを願っている。

最後になるが、原稿の遅れを辛抱強く待ち、丹念に原稿を読んでは貴重な意見を述べてくださった柿原さんに、あらためて感謝の意を表したい。また、本書執筆中、一方的に私の考えや愚痴を聞く羽目に陥った家族にもひとこと感謝の言葉を述べておく。

一九九六年四月

柴　宜弘

新版追記――ユーゴ解体から三〇年後

一九九六年五月、本書初版が刊行されたのは、ボスニアの和平協定を受けてユーゴスラヴィアの内戦が落ち着き、戦後の歩みが始まった頃であった。

それから四半世紀、ユーゴが解体した一九九一年から数えると三〇年が過ぎた。初版は増刷を重ねる一方、ユーゴという国、そして九〇年代の紛争は少しずつ過去の出来事として考えられるようになった。当時最新作だった『ビフォア・ザ・レイン』『ユリシーズの瞳』『アンダーグラウンド』は、ユーゴ紛争を扱った代表的作品として鑑賞されている。

帯に「内戦の本質は何だったのか――統合と分裂の全過程」とあったように、初版の叙述は内戦で終わっている。それから現在までのユーゴ解体後の状況を書き加え、解体から三〇年を迎える節目の年に新たな版を刊行できないか。新書編集部の杉田守康さんから、そのようなお話があったのは昨年秋のことであったと伺っている。

加筆と修正を経て今年三月末に原稿が揃うと、夏の刊行をめざして校正作業が開始された。しかし――、二〇二一年五月二八日、著者の柴宜弘先生は突如、他界された。

あまりに突然の訃報に誰もが言葉を失った。だが、遺された原稿と先生の遺志をいかすため、予定通りの刊行に向けて、新版の準備は続行された。先生のご家族と杉田さんの意向を受け、先生が五〇頁まで進めていた校正作業は、先生のもとで長年学んだ、ユーゴ研究者を中心とするかつてのゼミ生が引き継いだ。

先生なき後に刊行されたこの『ユーゴスラヴィア現代史　新版』は、それまでの六章立てから拡充され、七章立ての構成をとる。第六章に第四節「少数者アルバニア人をめぐる二つの紛争」が加わるとともに、第七章「新たな政治空間への模索」が加筆され、解体から現在にいたる旧ユーゴの国々の動きがまとめられている。終章は、新稿に書き換えられた。連邦制と民族自決を再考した旧版の「紛争からの再生をめざして」は、解体三〇年後の現時点から検討を行った「歴史としてのユーゴスラヴィア」に変わった。このほか、旧版を踏襲した第六章第三節までの本文に一部加筆が施され、また表・地図・参考文献などについても全面的に訂正と更新がなされた。当初の構想では、校正終了後に柴先生自身が「はじめに」「あとがき」にそれぞれ追記する予定であったが、後者のみに代筆の形でこの「新版追記」が加わっている。

校正作業では、明らかな誤記、誤字などに関して最低限の訂正のみを加えた。内容に関する書き加えは行わず、一部注記が必要な箇所には、［　］のなかに必要最小限の補記を付した。加えて、この三〇年における用語使用の変化を反映して、旧版を継承した第六章第三節までと、加筆された第六章第四節以降のあいだでは、幾つかの用語の表記が変わっている（例えば、「民族主義」が「ナショナリズム」、「私兵」が「民兵／準軍事（パラミリタリー）組織」といった具合に）。これらについては、著者不在の校正のなかで、旧版原文と新たな原稿をできる限り生かし、あえて統一ははかっていない。

ところで柴先生が亡くなられる直前の五月中頃、この新版についてユーゴ研究に関する研究会で先生の報告を伺う機会があった。オンラインによる画面越しの研究会で、先生はご自身にとっての本書の位置づけや新版の結論部について、次のように話しておられた。最後に紹介してみたい。

「私には、モノグラフの形での個人の著作というのは今にいたるまでありませんが、私にとってこの『ユーゴスラヴィア現代史』というのは、いわば当時の集大成だったのです。ただ新書という性格上、多くの人に読んでもらうというのが目的でしたから、論文調にはなっていませんけれど。」

「結論として終章を書き換えたのですが、ボスニアやモンテネグロの最近の動き、あるいはコソヴォの動きなどを、楽観的に見過ぎているのではないかと思われる人もいると思います。しかし、そういう新しい動きに微かな希望を見出していきたい、というのも私の考えです。「すこし楽観的ではないか？」という批判は覚悟の上でこのようにまとめてみました。」

報告のなかで先生は、杉田さんをはじめ、岩波書店の編集者の方々とのこれまでのやり取りについても時間を割く場面があった。「非常にしっかりとコメントをくださり、言葉や用語の使い方についてもとても厳密に対応してくださるので、こちらとしても大変勉強になります」とおっしゃっていたのが印象的であった。

著者本人の急逝という事態にもかかわらず、本書の刊行を予定通りかつ迅速に進めてくださった杉田さんには、なき先生とともに、あらためて感謝の意を表したい。

先生も新版の刊行を喜んでいるにちがいない。そしてこれからも、「まだ幕を下ろしていない」ユーゴスラヴィアの現代史を遠くから見守り続けるはずである。

二〇二一年七月

ゼミ生を代表して　鈴木健太・山崎信一

主要参考文献（邦語のみ、刊行年順）

芦田均『バルカン』岩波新書、一九三九年。

V・デディエ『チトーは語る』高橋正雄訳、河出書房、一九五三年（新時代社、一九七〇年）。

M・ジラス『新しい階級』原子林二郎訳、時事通信社、一九五七年。

I・アンドリッチ『ドリナの橋』松谷健二訳、恒文社、一九六六年。

M・ジラス『スターリンとの対話』新庄哲夫訳、雪華社、一九六八年。

M・マルコヴィチ『実践の弁証法』岩田昌征・岩淵慶一訳、合同出版、一九七〇年。

岩田昌征『労働者自主管理』紀伊國屋書店、一九七四年。

L・マテス『非同盟の論理――第三世界の戦後史』鹿島正裕訳、TBSブリタニカ、一九七七年。

E・カルデリ『自主管理社会主義と非同盟――ユーゴスラヴィアの挑戦』山崎洋・山崎那美子訳、大月書店、一九七八年。

A・メイステル『自主管理の理念と現実――ユーゴの経験から』川崎嘉元・小池晴子訳、新曜社、一九七九年。

加藤雅彦『ユーゴスラヴィア――チトー以後』中公新書、一九七九年。

S・クリソルド編『ユーゴスラヴィア史』田中一生・柴宜弘・高田敏明訳、恒文社、一九八〇年。

M・ドルーロヴィチ『試練に立つ自主管理――ユーゴスラヴィアの経験』高屋定国・山崎洋訳、岩波現代選書、一九八〇年。

E・カルデリ『自主管理社会主義への道――カルデリ回想記』山崎那美子訳、亜紀書房、一九八二年。

笠原清志『自主管理制度の変遷と社会的統合――ユーゴスラビアにおける企業組織と労働機能に関する研究』時潮社、一九八三年。

E・カルデリ『民族と国際関係の理論』高屋定国・定形衛訳、ミネルヴァ書房、一九八六年。

L・アダミック『わが祖国ユーゴスラヴィアの人々』田原正三訳、PMC出版、一九九〇年。

暉峻衆三・小山洋司・竹森正孝・山中武士『ユーゴ社会主義の実像』リベルタ出版、一九九〇年。

越村勲『東南欧農民運動史の研究』多賀出版、一九九〇年。

柴宜弘『ユーゴスラヴィアの実験――自主管理と民族問題と』岩波ブックレット、一九九一年。

柴宜弘編『もっと知りたいユーゴスラヴィア』弘文堂、一九九一年。

D・マッケンジー『暗殺者アピス――第一次世界大戦をおこした男』柴宜弘・南塚信吾・越村勲・長場真砂子訳、平凡社、一九九二年。

柴宜弘『ユーゴスラヴィアで何が起きているか』岩波ブックレット、一九九三年。

山崎佳代子『解体ユーゴスラビア』朝日新聞社、一九九三年。

千田善『ユーゴ紛争――多民族・モザイク国家の悲劇』講談社現代新書、一九九三年。

阿部望『ユーゴ経済の危機と崩壊――国内要因と国外要因』日本評論社、一九九三年。

M・パヴィチ『ハザール事典』工藤幸雄訳、東京創元社、一九九三年。

C・サマリ『ユーゴの解体を解く』神野明訳、柘植書房、一九九四年。

M・グレニー『ユーゴスラヴィアの崩壊』井上健・大坪孝子訳、白水社、一九九四年。

J・ゴイティソーロ『サラエヴォ・ノート』山道佳子訳、みすず書房、一九九四年。

月村太郎『オーストリア＝ハンガリーと少数民族問題――クロアティア人・セルビア人連合成立史』東京大学出版会、一九九四年。

岩田昌征『ユーゴスラヴィア――衝突する歴史と抗争する文明』NTT出版、一九九四年。

定形衛『非同盟外交とユーゴスラヴィアの終焉』風行社、一九九四年。

S・ドラクリッチ『バルカン・エクスプレス――女心とユーゴ戦争』三谷恵子訳、三省堂、一九九五年。

徳永彰作『モザイク国家ユーゴスラヴィアの悲劇』ちくまライブラリー、一九九五年。

J・V・A・ファイン／R・J・ドーニャ『ボスニア・ヘルツェゴヴィナ史――多民族国家の試練』佐原徹哉・柳田美映子・山崎信一訳、恒文社、一九九五年。

小山洋司『ユーゴ自主管理社会主義の研究――一九七四年憲法体制の動態』多賀出版、一九九六年。

I・アンドリッチ『サラエボの鐘――短編集』田中一生・山崎洋訳、恒文社、一九九七年。

D・ウグレシィチ『バルカン・ブルース』岩崎稔訳、未来社、一九九七年。

岩田昌征『社会主義崩壊から多民族戦争へ――エッセイ・世紀末のメガカオス』御茶の水書房、二〇〇三年。

久保慶一『引き裂かれた国家――旧ユーゴ地域の民主化と民族問題』有信堂高文社、二〇〇三年。

佐原徹哉『ボスニア内戦――グローバリゼーションとカオスの民族化』有志舎、二〇〇八年。

柴宜弘編『バルカン史と歴史教育――「地域史」とアイデンティティの再構築』明石書店、二〇〇八年。

長有紀枝『スレブレニツァ――あるジェノサイドをめぐる考察』東信堂、二〇〇九年。

J・ヘーガン『戦争犯罪を裁く――ハーグ国際戦犯法廷の挑戦』上・下、本間さおり訳、坪内淳監修、NHK出版、二〇一一年。

百瀬亮司編『旧ユーゴ研究の最前線』柴宜弘監修、渓水社、二〇一二年。

柴宜弘・石田信一編『クロアチアを知るための六〇章』明石書店、二〇一三年。

鈴木健太・百瀬亮司・亀田真澄・山崎信一『アイラブユーゴ――ユーゴスラヴィア・ノスタルジー』一―三、社会評論社、二〇一四―二〇一五年。

柴宜弘・山崎信一編『セルビアを知るための六〇章』明石書店、二〇一五年。

M・マゾワー『暗黒の大陸――ヨーロッパの二〇世紀』中田瑞穂・網谷龍介訳、未来社、二〇一五年。

柴宜弘編『バルカンを知るための六六章』(第二版)明石書店、二〇一六年。

柴宜弘/A・ベケシュ/山崎信一編『スロヴェニアを知るための六〇章』明石書店、二〇一七年。

月村太郎編『解体後のユーゴスラヴィア』晃洋書房、二〇一七年。

M・マゾワー『バルカン――「ヨーロッパの火薬庫」の歴史』井上廣美訳、中公新書、二〇一七年。

奥野良知編『地域から国民国家を問い直す――スコットランド、カタルーニャ、ウイグル、琉球・沖縄などを事例として』明石書店、二〇一九年。

柴宜弘『図説　バルカンの歴史』(増補四訂新装版)河出書房新社、二〇一九年。

柴宜弘・山崎信一編『ボスニア・ヘルツェゴヴィナを知るための六〇章』明石書店、二〇一九年。

長有紀枝編『スレブレニツァ・ジェノサイド——二五年目の教訓と課題』東信堂、二〇二〇年。

柴 宜弘

1946-2021年
1979年早稲田大学大学院文学研究科博士課程修了
東京大学名誉教授，城西国際大学特任教授(逝去時)．東欧地域研究・バルカン近現代史専攻
著書—『ユーゴスラヴィアの実験』
『ユーゴスラヴィアで何が起きているか』
(ともに，岩波ブックレット)
『バルカンの民族主義』(山川出版社)
『図説バルカンの歴史』(河出書房新社)
『バルカン史』(編，山川出版社)
『バルカン史と歴史教育』(編，明石書店)
『ボスニア・ヘルツェゴヴィナを知るための60章』(共編，明石書店) ほか
訳書—クリソルド編『ユーゴスラヴィア史』(共訳，恒文社)
マッケンジー『暗殺者アピス』(共訳，平凡社) ほか

ユーゴスラヴィア現代史 新版　岩波新書(新赤版)1893

2021年8月27日　第1刷発行
2023年6月5日　第2刷発行

著 者　柴《しば》 宜弘《のぶひろ》

発行者　坂本政謙

発行所　株式会社 岩波書店
〒101-8002 東京都千代田区一ツ橋2-5-5
案内 03-5210-4000　営業部 03-5210-4111
https://www.iwanami.co.jp/

新書編集部 03-5210-4054
https://www.iwanami.co.jp/sin/

印刷・三陽社　カバー・半七印刷　製本・中永製本

ISBN 978-4-00-431893-4　　Printed in Japan

岩波新書新赤版一〇〇〇点に際して

ひとつの時代が終わったと言われて久しい。だが、その先にいかなる時代を展望するのか、私たちはその輪郭すら描きえていない。二〇世紀から持ち越した課題の多くは、未だ解決の緒を見つけることのできないままであり、二一世紀が新たに招きよせた問題も少なくない。グローバル資本主義の浸透、憎悪の連鎖、暴力の応酬――世界は混沌として深い不安の只中にある。

現代社会においては変化が常態となり、速さと新しさに絶対的な価値が与えられた。消費社会の深化と情報技術の革命は、種々の境界を無くし、人々の生活やコミュニケーションの様式を根底から変容させてきた。ライフスタイルは多様化し、一面では個人の生き方をそれぞれが選びとる時代が始まっている。同時に、新たな格差が生まれ、様々な次元での亀裂や分断が深まっている。社会や歴史に対する意識が揺らぎ、普遍的な理念に対する根本的な懐疑や、現実を変えることへの無力感がひそかに根を張りつつある。そして生きることに誰もが困難を覚える時代が到来している。

しかし、日常生活のそれぞれの場で、自由と民主主義を獲得し実践することを通じて、私たち自身がそうした閉塞を乗り超え、希望の時代の幕開けを告げてゆくことは不可能ではあるまい。そのために、いま求められていること――それは、個と個の間で開かれた対話を積み重ねながら、人間らしく生きることの条件について一人ひとりが粘り強く思考することではないか。その営みの糧となるものが、教養に外ならないと私たちは考える。歴史とは何か、よく生きるとはいかなることか、世界そして人間はどこへ向かうべきなのか――こうした根源的な問いとの格闘が、文化と知の厚みを作り出し、個人と社会を支える基盤としての教養となった。まさにそのような教養への道案内こそ、岩波新書が創刊以来、追求してきたことである。

岩波新書は、日中戦争下の一九三八年一一月に赤版として創刊された。創刊の辞は、道義の精神に則らない日本の行動を憂慮し、批判的精神と良心的行動の欠如を戒めつつ、現代人の現代的教養を刊行の目的とする、と謳っている。以後、青版、黄版、新赤版と装いを改めながら、合計二五〇〇点余りを世に問うてきた。そして、いままた新赤版が一〇〇〇点を迎えたのを機に、人間の理性と良心への信頼を再確認し、それに裏打ちされた文化を培っていく決意を込めて、新しい装丁のもとに再出発したいと思う。一冊一冊から吹き出す新風が一人でも多くの読者の許に届くこと、そして希望ある時代への想像力を豊かにかき立てることを切に願う。

（二〇〇六年四月）

岩波新書より

現代世界

ネルソン・マンデラ　堀内隆行
日韓関係史　木宮正史
文在寅時代の韓国　文京洙
アメリカ大統領選　久保文明・金成隆一
イスラームからヨーロッパをみる　内藤正典
アメリカの制裁外交　杉田弘毅
ルポ トランプ王国2　金成隆一
2100年の世界地図 アフラシアの時代　峯陽一
フォト・ドキュメンタリー 朝鮮に渡った「日本人妻」　林典子
サイバーセキュリティ　谷脇康彦
トランプのアメリカに住む　吉見俊哉
ライシテから読む現代フランス　伊達聖伸
ベルルスコーニの時代　村上信一郎
イスラーム主義　末近浩太
ルポ 不法移民 アメリカ国境を越えた男たち　田中研之輔
習近平の中国 百年の夢と現実　林望
日中漂流　毛里和子
中国のフロンティア　川島真
シリア情勢　青山弘之
ルポ トランプ王国　金成隆一
ルポ 難民追跡 バルカンルートを行く　坂口裕彦
アメリカ政治の壁　渡辺将人
プーチンとG8の終焉　佐藤親賢
香港 中国と向き合う自由都市　倉田徹・張彧暋
〈文化〉を捉え直す　渡辺靖
イスラーム圏で働く　桜井啓子編
中南海 知られざる中国の中枢　稲垣清
フォト・ドキュメンタリー 人間の尊厳　林典子
㈱貧困大国アメリカ　堤未果
女たちの韓流　山下英愛
新・現代アフリカ入門　勝俣誠
中国の市民社会　李妍焱
勝てないアメリカ　大治朋子
ブラジル 跳躍の軌跡　堀坂浩太郎
非アメリカを生きる　室謙二
ネット大国中国　遠藤誉
ジプシーを訪ねて　関口義人
中国エネルギー事情　郭四志
アメリカン・デモクラシーの逆説　渡辺靖
ユーラシア胎動　堀江則雄
オバマ演説集　三浦俊章編訳
ルポ 貧困大国アメリカII　堤未果
オバマは何を変えるか　砂田一郎
平和構築　東大作
ネイティブ・アメリカン　鎌田遵
アフリカ・レポート　松本仁一
ヴェトナム新時代　坪井善明
イラクは食べる　酒井啓子
ルポ 貧困大国アメリカ　堤未果
エビと日本人II　村井吉敬
北朝鮮は、いま　北朝鮮研究学会編・石坂浩一監訳

岩波新書より

世界史

スペイン史10講　立石博高
ヒトラー　芝　健介
ユーゴスラヴィア現代史〔新版〕　柴　宜弘
東南アジア史10講　古田元夫
チャリティの帝国　金澤周作
太平天国　菊池秀明
ドイツ統一　アンドレアス・レダー　板橋拓己訳
人口の中国史　上田　信
カエサル　小池和子
世界遺産　中村俊介
奴隷船の世界史　布留川正博
独ソ戦　絶滅戦争の惨禍　大木　毅
イタリア史10講　北村暁夫
フランス現代史　小田中直樹
移民国家アメリカの歴史　貴堂嘉之
フィレンツェ　池上俊一

マーティン・ルーサー・キング　黒﨑　真
ナポレオン　杉本淑彦
ガンディー　平和を紡ぐ人　竹中千春
イギリス現代史　長谷川貴彦
ロシア革命　破局の8か月　池田嘉郎
天下と天朝の中国史　檀上　寛
孫　文　深町英夫
古代東アジアの女帝　入江曜子
新・韓国現代史　文　京洙
ガリレオ裁判　田中一郎
人間・始皇帝　鶴間和幸
袁世凱　岡本隆司
二〇世紀の歴史　木畑洋一
イギリス史10講　近藤和彦
植民地朝鮮と日本　趙　景達
シルクロードの古代都市　加藤九祚
中華人民共和国史〔新版〕　天児　慧
物語 朝鮮王朝の滅亡◆　金　重明

新・ローマ帝国衰亡史　南川高志
近代朝鮮と日本　趙　景達
マヤ文明　青山和夫
北朝鮮現代史◆　和田春樹
四字熟語の中国史　冨谷　至
李鴻章　岡本隆司
新しい世界史へ　羽田　正
パル判事　中里成章
グランドツアー　18世紀イタリアへの旅　岡田温司
マルコムX　荒このみ
パ　リ　都市統治の近代　喜安　朗
ノモンハン戦争　モンゴルと満洲国　田中克彦
中国という世界　竹内　実
ウィーン　都市の近代　田口　晃
紫禁城　入江曜子
ジャガイモのきた道　山本紀夫
北　京　春名　徹
創氏改名　水野直樹

岩波新書/最新刊から

1965 **サピエンス減少**　原　俊彦 著
―縮減する未来の課題を探る―
人類はいま、人口増を前提にした社会システムの再構築を迫られている。課題先進国・日本からサピエンスの未来を考える。

1966 **アリストテレスの哲学**　中畑正志 著
彼が創出した〈知の方法〉を示し、議論全体の核心を明らかにする。「いまを生きる哲学者」としての姿を描き出す現代的入門書。

1967 **軍と兵士のローマ帝国**　井上文則 著
繁栄を極めたローマは、常に戦闘姿勢をとる国家でもあった。軍隊と社会との関わり、兵士の視点から浮かびあがる新たな歴史像。

1968 **川端康成**　十重田裕一 著
孤独を駆ける
孤独の精神を源泉にして、他者とのつながりをもたらすメディアへの関心を終生持ち続けた作家の軌跡を、時代のなかに描きだす。

1969 **会社法入門** 第三版　神田秀樹 著
令和元年改正を織り込むほか、DXやサステナビリティなどの国際的な潮流に対応して進化を続ける会社法の将来も展望する。

1970 **動物がくれる力**　大塚敦子 著
教育、福祉、そして人生
犬への読み聞かせは子供を読書へ誘い、若者は保護犬をケアし生き直す。高齢者は犬や猫と豊かな日々を過ごす。人と動物の絆とは。

1971 **優しいコミュニケーション**　村田和代 著
―「思いやり」の言語学―
日常の雑談やビジネス会議、リスクコミュニケーションなどを具体的に分析し、「人に優しい話し方・聞き方」を考える。

1972 **まちがえる脳**　櫻井芳雄 著
人がまちがえるのは脳がいいかげんなせい。だからこそ新たなアイデアを創造する。脳の真の姿を最新の研究成果から知ろう。

(2023. 5)